歴史文化ライブラリー

123

# 交流する弥生人

## 金印国家群の時代の生活誌

高倉洋彰

吉川弘文館

JN225217

# 目次

6

参考文献

挿図・表の出典

# 金印国家群の時代とは——プロローグ

## 1　金印国家群の時代とは

### 画期の他律性

まもなく福岡県太宰府市に九州国立博物館（仮称）が誕生する。建設地では敷地造成や取付け道路（県道）の建設が進行中で、二〇〇一年度に本館建物の建設に着手し、順調にいけば二〇〇五年度ごろには開館できる見込みになっている。

九州国博の設置は一〇〇年をこえる永い九州の願いであり、さまざまな誘致運動があった。その一つ、博物館等建設推進九州会議がキャッチコピーとして造語したのが「文明のクロスロード」であり、「金印国家群の時代」だった。

金印国家群のイメージは「漢委奴国王《かんのわのなのこくおう》」蛇鈕金印《だちゆうきんいん》からくるが、奴国王が後漢の光武《こうぶ》帝からそれを下賜された時代を、考古学では弥生時代とよびならわしている。その実年代については研究者によっていまだに相違があるが、紀元前四〇〇年前後から紀元二五〇年ごろまでとする見解が多い。それを前中後の三期に分けているが、ほぼ等分の期間とみられている。あるとき私は弥生時代の時間が、中国の戦国時代、前漢、後漢に相当することに気づいた。間に秦、新の二つの短期王朝がはいるが、制度などが次なる長期王朝の先駆けとなっていて、戦国時代（紀元前四〇三年〜前二二一年）、秦・前漢（紀元前二二一年〜紀元八年）、新・後漢（紀元八年〜二二〇年）に大別できる。それぞれが二〇〇年前後の時間幅をもっているから同じ時間幅の弥生時代の前中後の三期に対応するのでは、つまり弥生時代の画期は自律的であるとともに他律的な要素もあるのでは、と考えたのである。

そう考えると多くの疑問が解決できる。たとえばコメが自生しない朝鮮半島や日本列島で、コメにたいする知識や食欲が生じるはずもなく、縄文人がコメ作りを受け容れようとする事態は起こらない。戦乱に明け暮れた春秋戦国時代に敗者は周辺に落ち延びていく事実が史書にいくつも記録されているが、朝鮮半島の北半にコメ作りの技術をもった漢族があらわれたときに、朝鮮の人びとはコメを知ることになる。その延長で倭人《わじん》（縄文人）がコメを知る機会が生じ、列島に稲穂が実ることになる。相互に密接な交流を欠いていた中国・朝鮮・日本の間に不断の交流がはじまったときに、金印国家群の時代も始動する。

## 金印国家群とは

金印国家群は中国（漢）を盟主とする漢語漢文の世界とほぼ一致する。そこは漢語の発音が不十分であっても漢文という共通の文字言語を使えば交流・

交渉が可能な漢字文化圏であった。盟主である中国では文書通信をはじめ印が多用されていて、直属していなくとも交渉や身分の位置づけに印を必須としていた。実際にはほとんどが銅印なのだが、直属しない外臣に金印を下賜する例がみられるところから、中国を盟主とする漢字文化圏のまとまりを金印国家群と名づけている。弥生人は日本列島で営々と生活してきた人びとのなかではじめてこの国家群・文化圏に参入していった国際人だった。

そうなると弥生人は金印国家群全体の動きと無縁でなくなる。『魏志《ぎし》』「倭人伝《わじんでん》」に「倭国乱る」とある争乱は『後漢書《ごかんじょ》』「東夷伝《とういでん》」では「桓霊《かんれい》の間」に倭国大いに乱れた（倭国大乱）と述べ、『梁書《りょうしょ》』「倭伝」はさらに光和年中（一七八〜一八三）に限定している。『魏志』「韓伝」によれば、同じころの朝鮮半島でも「桓霊の末、韓濊《わい》強盛にして、郡県これを制するにあたわず」という状況にあった。光和年中はまさに桓霊の末なのだが、このころの朝鮮半島では南の韓族と北の濊族の勢力が強大になって楽浪《らくろう》郡はこれに対抗できないというのである。こうした現象は盟主の後漢が一八四年（中平元）に張角らが黄巾《こうきん》の乱を起こすにいたるほどに威信を低下し、弱体化していたことから起こっている。親亀転《こ》けたらみな転けたのであって、倭国大乱はアジア大乱が東端におよぼした結果といえる。

九州国博は「日本文化の形成過程をアジア史的観点から捉える」ことをテーマとしている。このテーマにしたがって先の事実、つまり中国と列島の画期が一致することや、コメ作りの受容、アジアの争乱などを見直すと、中国の動向が日本列島を含む東夷《とうい》（東アジア）世界の動きをリードしていることを指摘できる。

そのことを私は一九九五年に『金印国家群の時代』としてまとめた。それはそれでよかったが、資料の蓄積が進んでいる北部九州を舞台とした漢・韓との交流に焦点を当てたため、国際化によって新生した弥生人の生活に触れることが少なかった。本書ではその欠落部分を描こうと考えている。

**新たな生活を創り出した主体者**

国際化は一部の現象ではない。明治維新という国際化を私たちの身近な先祖が体験したのはわずかに一三〇年あまり前のことにすぎないのだが、私たちの生活のどこにも江戸時代の生活や文化は残っていない。一人一人が国際化に取り組んでいたわけではないのだが、欧米の制度や文化を取り入れた現代人は江戸時代の人びとと異質の世界にいる。これと同じことを弥生人は体験している。

しかし異質といっても民族の交替などはなく、江戸時代の人も現代人も同じく弥生人の後裔である。前著で述べたが、弥生文化というものはそれが伝わった当初は朝鮮半島の無文土器文化そのものだった。それを携えて日本列島に渡海してきた人びと、いわゆる渡来系弥生人がいるのは事実で、酷似・類似した遺物も数多い。だが、たとえば大陸系磨製《ませい》石器とよばれている半島直伝の木工用および収穫用の石器を受容したのは北部九州を中心にした一帯の人びとで、列島に住まう大部分の人びとは縄文以来の伝統的な石器で対応している。手間ひまがかかったとしても要は水稲耕作に必要な木器をつくることができればよいのであって、製作の速度は問われていない。新たに知らねばならない数多くの知識が水稲耕作文化体系にはあり、旧来の知識で済ませられるものをそれで片づけてしまったのは、縄文人の知恵である。大陸系磨製石器が周辺へ浸透せず、旧来の石器を使用することを文化の変容として捉える人もいるが、変容ではなく賢い対応なのである。ともあれ効率的な大陸系磨製石器の恩恵に浴した人よりも縄文石器で対応した人がほとんどであった。それら大多数の人びともやがて大陸系磨製石器や鉄器を使うようになる。この一点をみても弥生文化を受け容れ成長させていった主体が縄文系弥生人であることを知る。

渡来系をまじえつつも主体を縄文人の後身とする弥生人は優秀だった。中国の稲作資料は確実に新石器時代をさかのぼっていて、今や最古とはいえなくなったが圧倒的な資料を誇る浙江《せっこう》省余《よ》姚《よう》市の河姆渡《ホームドウー》遺跡ですら紀元前四七〇〇年ごろには稲作が行われていた。列島に伝わってきた稲作は畑稲作と水田稲作の二波があるが、第一波の畑稲作にしても紀元前一〇〇〇年ごろにすぎない。このように稲作の受容は大いに出遅れるが、福岡市板付遺跡で検出された最古の水田の構造は宋代のそれとみまごう、完成されたものだった。受容した水田稲作の技術は、中国の民が試行錯誤を重ね辛酸を舐《な》めた部分をカットした、最新タイプものであったという幸運にも恵まれる。こうして幸運を鉄製工具や鉄製武器などの中国の技術が早めに波及してきたのも、幸運だった。

バネにしつつ、約六〇〇年間の弥生時代のなかで、弥生人はみずからの生活や文化を面目一新した。

弥生人が創りだした生活と文化について次章で五つの大きな特徴を挙げているが、それは日常生活の面でことごとく後世の基盤となり、現代におよぶ。縄文時代の時間幅の長さにひそめば、現代はまだ弥生時代の延長上にあるともいえる。日本の基盤を形成する大事業が可能になったのは、海の外へ列島の内へと盛んに交流を繰り返し、新たな知識を活用しつつ列島の内部を水稲耕作文化体系のもとで急速に再生していった弥生人の積極性がある。本書を『交流する弥生人』と題したゆえんである。

以下、金印国家群の時代を創り上げていった弥生人の活力の源である日常生活を覗《のぞ》き、交流の成果が凝縮したその生活誌をまとめることにする。

# 五段階の国際化

# 日常生活の革新

私たちは縄文時代と古墳時代の過渡的段階を弥生時代とよびならわしているが、「弥生」の言葉は、現在「弥生土器」とよんでいる土器が最初にとりあげられた東京大学農学部に近い東京都文京区の弥生町にちなんでの命名だから、とくに意味はない。だが、この過渡的段階はたわわに稲穂が実る瑞穂《みずほ》の国を現出した点でじつに重要であり、現代の原形が完成された画期的な段階であったといえる。弥生は三月。この時代名称はいいえて妙なる響きをもっている。

**弥生時代と弥生文化**

弥生時代の人びとが暮らした文化を弥生文化とよんでいる。それは以前の縄文文化にくらべて格段に異質な文化で、その相違はほとんどすべてにおよんでいる。したがって新生した弥生文化の特徴は際限ないまでにあるが、①水田経営に基盤をもつ農耕文化、②鉄器や青銅器の威力をはじめて知らしめた初期金属器の文化、③衣食住に代表される日常生活の変化、④一般の農民と一握りの統率者層という身分格差をもつ文化、そして⑤それらを生じさせた主要な原因となる異文化交流、の五点がことに特記できる。そしてこの五点は新石器時代以来の中国文化に淵源《えんげん》をたどれるものであり、その意味で弥生文化は、国際文化の粋であった。

なお、必ずしも弥生文化イコール弥生時代ではないということを一言しておきたい。これを取り違えると、たとえば①の水稲耕作の開始をもって弥生時代の開始と考え、縄文時代晩期後半とされてきた時期を弥生時代早期などと勘違いすることになる。縄文時代に北部九州の一角に伝わってきた先進的な朝鮮無文土器文化を初期の弥生文化と読み替えているのであって、それが定着したときに弥生時代がはじまり、弥生社会が登場する。

こうした立場にたって以下に最初の国際交流によって激変した弥生時代の文化と社会について述べていくが、まずは全体を概観しておくことにする。

## 二波の稲作伝播

最近の中国考古学の発掘成果は、たとえば紀元前六〇〇〇年ころの湖南省彭《ポン》頭山《トウシャン》遺跡で栽培の可能性をもつ炭化したコメ資料が検出されるなど、新石器時代そのものが稲作農耕社会であることを明らかにしてきている。これらが水田稲作であるかどうかの証明はされていないが、浙江省河姆渡や羅家角《ルオジアジャオ》、江蘇省草鞋山《シアオシエンシャン》や龍虬庄《ロンチウチユアン》などの遺跡では、紀元前五〇〇〇年ころからは水田経営に基盤をもつ農耕文化の段階にはいっていることが明らかにされている。日本に置き換えると、縄文時代早期に併行する段階にはすでに稲作開始の可能性があり、縄文時代前期段階には水稲耕作がはじまっていたということになる。佐原眞が指摘するように東アジア、ことに日本は農耕社会にはいる時期が大変遅い（佐原眞「弥生文化の特質」『弥生人の四季』一九八七年）。

日本の稲作は紀元前一〇〇〇年ころから認められる。青森県八戸市風張《かざはり》遺跡の炭化コメや岡山県総社市南溝手《みなみみぞて》、さらには福岡県北九州市長行《おさゆき》・熊本市上南部《かんなべ》など九州北半の各地の遺跡から縄文時代後期末〜晩期前半の時期のコメに関する資料が検出されている。これらの遺跡には、必ずしも水田適地とはいえない立地がみられ、しかも文化内容や石器組成が変化しないなど、後の水田稲作の受容とは様相を異にするから畑稲作と考えられる。この現象は日本稲作の直接の故郷である朝鮮半島に通じている。朝鮮半島から日本列島へ伝播《でんぱ》してきた稲作の第一波は畑稲作の形態をとったとみている。コメの大量収穫が望めない畑稲作であっても、縄文人に未知の味を覚えさせた役割ははかりしれない。

稲作伝播の第二波は縄文時代晩期末、紀元前四〇〇年ころのことになる。佐賀県唐津市菜畑《なばたけ》・福岡県二丈町曲り田《まがりだ》福岡市板付・福岡県粕屋町江辻《えつじ》ほかの遺跡で水田や炭化コメ、水稲耕作にともなう道具などの良好な資料が検出されている。それは朝鮮半島の無文土器文化そのものの移入であったが、その先駆けは菜畑遺跡の晩期後半の層に認められるから、伝播の時期がもう少し古くなる可能性は十分にある。

## 稲穂の実る光景

以前、平野部から山の頂きまで黄金色に染まった光景を、中国雲南省の西双《シーサン》版納《パンナ》でみたことがある。平野部には水田が広がり、山の畑には陸稲が植えられ、それがいっせいに実りに色づく光景に感銘を受けた。縄文の人びとがみた稲作出現期の北部九州の光景もそうだったに違いない。ことに、ドングリやイノシシ・シカなどの山の幸に恵まれそうにもない、環濠をめぐらした板付のムラが黄色く色づく稲穂に浮かぶ島になったとき、人びとはその光景になみなみならぬ関心をもったろう。この光景を目のあたりにし、コメの味を知ったときに、縄文人は技術を体得し弥生文化に同化していく。こうして日本列島が縄文時代から弥生時代に転換していくのにはさほどの時間を要さなかった。そのことを列島版稲作農耕文化の指標となる板付式（遠賀川《おんがかわ》式ともいう）土器の急速な分布圏の拡大が物語る。

ともあれ、中国新石器文化に端を発する水田耕作に基盤を置いた農耕文化を、列島は紀元前四〇〇年ころにまず北部九州から受容する。中国にくらべると五〇〇〇年におよぶ遅れをとっているが、じつはここからの展開は驚異的に加速する。その加速段階が弥生時代なのである。明治維新以降の日本が急速に欧米文化を摂取して近代化を果たしていった状況の原風景をみる思いがする。弥生文化の成立が朝鮮半島から教わった間接的な中国文化の影響を契機としたように、以来の継続的かつ積極的な対外交流が、この加速を可能にしている。

**文明の利器、金属器の伝来**

弥生文化の大きな特徴に鉄器や青銅器の威力をはじめて知らしめた初期金属器文化としての性格がある。弥生時代は初期金属器時代なのである。

弥生文化の金属器を代表するのは青銅器と鉄器だが、青銅器が銅鏡や武器形祭器のような権威の象徴あるいは祭祀《さいし》用の器材に用いられたのにたいし、鉄器は実用器そのものだった。金属器を出土することの多い甕棺《かめかん》墓の副葬品でみると、前期末に青銅製の武器や装身具(銅釧《どうくしろ》)としてあらわれ、中期後半に鉄製武器に交替する。これは朝鮮半島のオリジナルな青銅器(無文《むもん》土器)文化、漢文化の影響によって漢化した初期鉄器(原三国)文化、そして漢文化の直接的な伝播という歴史の流れを反映するもので、武器が鉄器化する中期後半以降も、朝鮮系青銅器は激減するが、中国系青銅器である銅鏡や列島独自につくられた銅釧・巴型《ともえがた》銅器などの青銅器は副葬される。

二つの金属器のうち鉄器が弥生人の日常生活を効率化させた。その鉄器がまず列島に最初の金属器として伝来する。ふつうはまず青銅器が出現し次に鉄器の時代がくるのだが、金属器の知識を海外に学んだ列島では水稲耕作出現期の福岡県二丈町曲り田遺跡出土の板状鉄斧《てつおの》を最古の例に鉄器が先に出現する。出土の実例は少ないが、水田畦畔《けいはん》の補強などに用いられ装飾性を必要としない杭《くい》類の削りかたを追究した宮原晋一は、最古の水田である板付水田の畦畔用の杭がすべて鉄器で削られたことを明らかにしている(「石斧、鉄斧のどちらで加工したか」『弥生文化の研究』一〇、一九八八年）。中国で鉄器が開発されて間もないころの相当の普及は驚異的といえる。

**鉄製工具の普及**

ところが板付水田の次段階の畦畔が磨製石器で削った杭類で補強されていたように、補給されなかったためか、最初の鉄器は定着しなかった。普及の兆しがみえはじめるのは前期後半以降のことで、斧《おの》・鉇《やりがんな》・刀子《とうす》などの小形の鉄製工具が、京都府中郡扇谷遺跡など少数ながら近畿地方まで出土するようになる。それらのほとんどは鍛造品《たんぞうひん》であることから、中国東北部に広がった鋳造《ちゅうぞう》鉄器《てっき》文化《ぶんか》をもつ燕《えん》よりも、川越哲志がいうように戦国時代に鍛造鉄器文化を確立した楚《そ》に系譜をたどれると考えられる（「金属器の普及と性格」『日本考古学を学ぶ』二、一九八〇年）。鉇が楚のそれに酷似するのもその証左となろう。鉄斧は同じ伐採用の太形蛤刃《ふとがたはまぐりば》石斧《せきふ》よりも一〇倍以上の効率をもつ。山口譲治は又鍬《またぐわ》に例をとり、着柄孔の丸形から方形化、又部の分岐部のコ字形からV字形化、刃部断面の菱形化などの製作法などの変化を指摘している（「木製品にみられる鉄製品使用について」『埋蔵文化財研究会第一六回研究集会発表要旨・関連資料集』一、一九八四年）。つまり鉄器の使用によって石器では困難だった造形が可能になり、それが木製農具の器種の分化を促して、耕作具を機能的にする。時間をかければ石器でも鉄器でつくった製品に近い形に仕上げることができるが、新たな器種の開発などには限度がある。現在のように時間に追われていないにもかかわらず鉄器化が進行する理由はそこにある。

以後、鉄製工具は磨製《ませい》石器と拮抗《きっこう》するように消長する。その消長をみると北部九州は中期には工具の鉄器化をほぼ終えている。西日本の全体も、鉄製工具の使用開始期は北部九州にそれほど遅れていないが、石器との交替を考慮すると普及は中期後半〜後期前半、つまり紀元前後をまたなければならない。したがって初期金属器時代にふさわしいのは弥生時代後期ということになる。

こうして工具の鉄器化は多いに進捗《しんちょく》するが、農作業に不可欠の農具の鉄器化は相当に遅れる。弥生時代の農具には、収穫用の石庖丁《いしぼうちょう》を例外に、水田の開墾から耕起にまで使用された各種の鍬《くわ》・鋤《すき》から脱穀用の臼《うす》・杵《きね》にいたるまで木製品が使用される。そこに鉄製工具の普及の背景があるが、肝心の農具は鉄器化しない。わずかに木製の鍬や鋤の刃先を覆う鉄刃（鍬先・鋤先）があり、中期後半の福岡市板付遺跡や比恵《ひえ》遺跡で鉄刃装着部をもつ木製鍬が出土していて、それに見合う鉄刃も福岡県行橋市下稗田《しもひえだ》遺跡などで出土している。これらは鋳造鉄斧に近い形態をしていて中国系の製品とみている。ところが後期になると、扁平長方形鉄板の長辺の両側を折り返しただけの簡単な鉄刃が出現するが、普及するというほどのこともない。穂刈り用の石庖丁も長く使用され、後期後半にいたって北部九州で鍬・鋤用鉄刃を細くしたような手鎌《てがま》や根刈りも可能な鎌があらわれて、収穫具の鉄器化がはじまる。しかし総体的にみて農具の鉄器化は次の古墳時代に果たされることになる。鉄器化の速度や器種は漢代中国の農具と大差のあるところで、この点にかんしては、中国から新知識を学ぶことを怠ったように思えてならない。

# 国際交流の主体と客体

弥生文化の重要な特徴に、大多数の一般の農民と一握りの統率者層という、身分格差をもたらした点がある。これもまた水稲耕作文化体系の一環としてもたらされたが、後に弥生人の服装を通して考えることにし、ここではおおよそをみておくことにする。

**服装に示される格差**

弥生人の衣服は、編布を着た縄文人の衣服にくらべ、機織《はたお》りされた平織《ひらおり》の織物を使用する点に大きな特徴がある。その技術はすでに縄文時代晩期に伝播《でんぱ》していて、弥生時代前期中ごろの福岡県小郡《おごおり》市横隈《よこぐま》北田遺跡や山口県下関市綾羅木郷《あやらぎごう》遺跡では麻布、前期末の福岡市有田遺跡では絹が出土しており、弥生人は絹と麻を衣服の素材として利用していたことを実物資料で知ることができる。

このように、弥生人は絹と麻を素材とした平織の衣服を着用していたのだが、佐賀県神崎《かんざき》郡吉野ケ里遺跡からは絹糸に撚《よ》りをかけて縮緬《ちりめん》風に薄く織った透目《すきめ》の製品が出ている。このスケスケの透目絹は漢でも高級の紗縠《さこく》の類と考えられる。しかも同じ甕棺《かめかん》墓から出土したイモガイ製腕輪に付着していた絹は日本茜《あかね》で赤（緋《ひ》）色、貝紫で紫色に染められていて、弥生時代の織物が色彩をもっていたことを示している。織りの特徴から北部九州産と考えられるから、甕棺墓の示す中期中ごろにはこうした特殊な織物や染色の技術も獲得されていたといえる。では紗縠のような高級な絹や色彩豊かな衣服を誰もが着られたかというと、そうはいかないように思う。養老衣服令によれば、親王や一位の深紫をはじめ三位以上の最高級官人が紫を、その他の官人も位階によって相当する色彩を独占し、色彩によって身分を示していた。これにたいして一般の人を「素」つまり「しらきぬ」と表現しているから、彼らは白地で無地の衣服を着用していたのであろう。弥生時代においても、吉野ケ里で出土したような透目絹や色彩感豊かな布地は首長層の占有するところであり、一般は無地の素で身を包んでいたと推測している。

## ヒスイ製勾玉の威力

服装によって身分を明らかにする例は、現在では警察官や消防士のように限られているが、その人の身分を外見で判断できるのだから合理的にも思える。そしてその身分の高さをヒスイ製勾玉《まがたま》を主とする首飾りが表現する。出土例でみると、碧玉《へきぎょく》製管玉《くだたま》を一連にし、時にワンポイントとしてヒスイ製勾玉をあしらった首飾りが出土するが、墓に副葬される例が多くみられる北部九州においても、首飾りの出土は副葬品よりもはるかに少ない。

ヒスイ製勾玉は権力の所在を示してくれる貴重な考古資料である。はるか北陸の糸魚川《いといがわ》周辺からもたらされた緑に輝くヒスイを素材とする勾玉は、現在もそうであるように入手が困難で、一般の人が自由にできるようなものではない。美しさと稀少性がヒスイ製勾玉を首長層の首を飾る装身具として用途を限定する。そのヒスイ製勾玉は想像以上の威力をもっている。たとえば福岡市西区の吉武遺跡群の場合、前期末〜中期前半の墓地八ヵ所のうち六ヵ所には副葬品をもつ墓を欠き、高木墓地と大石墓地のみに青銅製武器や装身具が集中する。しかも両墓地をくらべると、ゆったりとした空間をもった墓域に整然と埋葬される高木墓地は、墓壙《ぼこう》や棺《かん》の大きさを含めて、大石墓地を圧倒している。そして装身具を豊富にもつ高木墓地にたいして大石墓地は装身具を欠くという見逃せない事実がある。高木墓地、ことにヒスイ製勾玉や碧玉製管玉で首を飾った三号木棺墓の被葬者は、多鈕細文鏡《たちゆうさいもんきよう》や銅矛《どうほこ》・銅剣《どうけん》・銅戈《どうか》からなる青銅製武器というこの時期のほかの墓にはみられない豪華な副葬品をともなっていることから、中期前半の傑出した首長と考えられる。ほかにもヒスイ製勾玉と青銅製武器をもつ人物が葬られていて、この首長層一族のなかでも有力者とみられる。このことも改めて語ろう。

弥生人が他のムラやクニを訪ねたときに、彼らはそこのオサが誰であるかを知るのに手間どらなかったに違いない。無地の簡素な衣服の人とは違って、より立派に仕立てられた色彩や文様のある、あるいは特別な織りかたの衣服を身に着けた人びとが上層の人であり、なかでもヒスイ製勾玉をあしらった首飾りをした人物がトップなのだから、身分の差はみればわかる簡単さだったと思われるからである。

## 五段階の国際交流

弥生人が縄文文化を引継ぎつつも、身分の断絶にいたるような異質の弥生文化を生じさせた主要な原因は、縄文時代晩期から活発となった異文化交流という主体的条件と、春秋戦国時代中国の活発な周辺地域への拡大活動という客体的条件の、複合にある。北部九州は古来中国や朝鮮の文化を受け入れる門戸として、日本の文明化過程を記録する歴史的役割をになってきた。弥生時代はその役割が顕在化した時代であり、それを端的に表現すれば「倭の漢化」である。

倭の漢化の過程を簡単に整理すれば五段階（図1）になるが、時代の画期は必ず朝鮮や中国に端を発する事象を契機としている。

第一段階は、縄文時代の日本列島に水稲耕作の技術とそれに関連するもろもろの文化体系が伝播してきた弥生文化の初源的段階だが、じつはその内容は朝鮮半島の無文土器時代の文化そっくり受けて成立している。つまり弥生文化は朝鮮無文土器文化の最東端の様相にほかならない。第二段階になると、弥生の人びとは地域社会を形成し、統率者を擁するようになってくる。それに

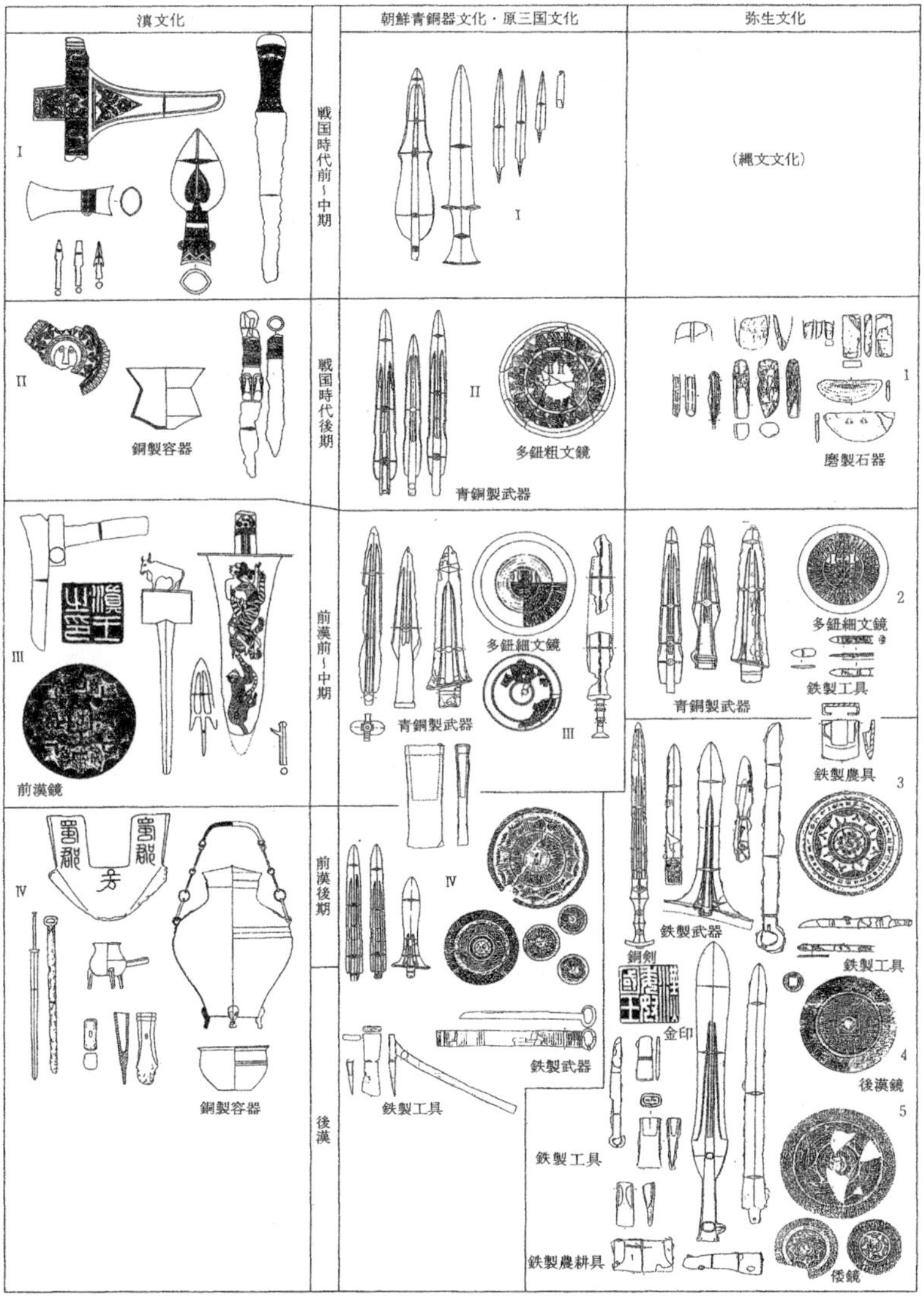


図１　漢と滇・韓・倭の時間的な関係

は朝鮮青銅器文化の影響がいちじるしいが、朝鮮青銅器文化の南下自体が中国の版図の膨張に起因する。このように、第一・二段階の外的影響の源は朝鮮半島の南部にある。

やがて朝鮮半島は、漢文化の影響で中国的に変質した原三国時代の社会・文化を現出する。それは北部九州にも波及し、朝鮮半島南部から渡ってくる文物に漢系の比重が高くなると同時に、漢との直接交流が開始される。一部において、新たな文化の源泉が、朝鮮半島を経由した間接的なものから、素環頭《そかんとう》刀や銅鏡・ガラス璧などの流入にみられるような直接的なものに変化しているからである。弥生文化は漢との直接の交流を契機に新たな段階、第三段階にはいっていく。この間の事情を、北部九州に特有の甕棺墓という弥生人のタイムカプセルに納められた副葬遺物と、『漢書《かんじょ》』「地理志《ちりし》」の簡潔な記事が、明確に伝えてくれている。

第四段階の「漢委奴国王《かんのわのなのこくおう》」金印に象徴される交流は、列島が漢をめぐる東アジア世界の一員に組み込まれたことを意味する。それは漢文化および漢化した朝鮮半島の原三国文化の北部九州への定着であった。

第四段階までの列島では北部九州が受け入れ地となってまず中国文化を受容し、ここで育んだ倭的漢文化を東に拡大させていった。ところが第五段階になると、列島の漢化が完了し、これまで新たな文化を最初に享受した北部九州は倭国を構成する一部として埋没していく時期となる。北部九州は受容の窓口ではあっても、受け入れ地（到達点）とはいえなくなる。それは列島に近畿地方の土器が拡散していくように、あるいは北部九州から甕棺墓が消えて木棺墓《もっかんぼ》・土壙墓《どこうぼ》中心の墓制になっていくように、列島が画一化していく時期である。そのことを『魏志《ぎし》』「倭人伝《わじんでん》」は描いている。

このように弥生文化の画期に与えた外的影響はきわめて大きいが、版図の接する朝鮮半島はより以上に多くの影響を、直接受けている。三世紀にはいると、それぞれを自己のものとして昇華させてはいても、東アジアの文化は基盤を共通させてくる。

**アジア社会に共通する漢化の背景**

倭の漢化の過程を五段階に整理してみたが、当時において、それは倭ばかりでなく中国周辺に共通した。そこで一例を、倭とは漢帝国を挟んで対極にありながら、蛇鈕《だちゅう》金印を下賜された奇《く》しき共通項をもつ、漢代前期まで中国雲南省の省都昆明《クンミン》市南郊の滇池《てんち》（昆明湖）の南方一帯を領域とした滇《てん》族にとってみてみよう（図1）。

滇は固有の青銅器文化を誇っており、その粋が雲南省博物館に展示されているが、蛙をあしらった意匠などは斬新さすら感じる。その時期は、おおよそ朝鮮無文《むもん》土器時代、弥生時代前期～後期前半に相当する。

滇文化の第Ⅰ期（紀元前六世紀前半～前四世紀前半）は、水稲耕作に生産の基盤を置いているが、地方色が豊かで黄河流域を中心とする中原の影響を受けていない。稲作受容期前後の北部九州と同様の段階だが、独自の青銅器文化の揺籃《ようらん》期でもある。代表的な遺跡に昆明市上馬村《シャンマーツン》一号墓がある。

滇文化第Ⅱ期（紀元前四世紀後半〜前二世紀前半）は、中原の影響は受けないが青銅製の農具が増加してくる段階で、呈貢《チオンゴン》県天子廟《テイエンズーミャオ》三号墓に代表される。銅斧《どうおの》の袋部に水田に必需の水をもたらす生き物として広く信仰されている蛙を配する意匠など、この時期の青銅器には雲南の独自性があり、剣川《ジイエンチユアン》県鰲鳳山《アオフオンシャン》遺跡から出土した銅斧の石製鋳型がみずからの鋳造を実証している。実年代的にも内容的にも弥生時代前期〜中期初頭に相当するが、この段階の弥生文化には独自の青銅器を欠いている。だが弥生文化を朝鮮無文土器文化（青銅器文化）の最東端として捉える立場からすれば、朝鮮半島で独自の青銅器文化が形成され、その余波が前期末の列島におよび、青銅器が伝わってくる。

滇文化第Ⅲ期（紀元前二世紀後半〜前一世紀前半）は、晋寧《ジンニン》県石寨山《シーヂアイシャン》漢墓群や江川《ジイアンチユアン》県李家《リージア》山《シャン》三号墓に典型がみられるように、中原から浸透してきた漢文化の影響で青銅器に中原化がはじまる。鉄器の出現もまた大きな特色となる。漢文化の浸透は、前漢帝国の版図の拡大にともなうもので、直接には元封二年（紀元前一〇九）の武帝の西南夷遠征によって直轄領化され、益州《えきしゅう》郡が設置されることによる。晋寧県の石寨山漢墓群の副葬品にみられるように、銅鼓《どうこ》や貯貝器などの固有文化の青銅器にまじって、「滇王之印」蛇鈕金印、内行《ないこう》花文星雲《かもんせいうん》鏡や五銖銭などの前漢青銅器、それに鉄器が登場してくる。この段階は北部九州の弥生時代中期前半〜中ごろにあたるが、翌元封三年の武帝による朝鮮半島北部への楽浪《らくろう》郡など四郡の設置によって東アジアの漢化が進み、奴国《なこく》など北部九州がほかの地域に先駆けて鉄器化していく状況をほうふつとさせる。

滇文化第Ⅳ期（紀元前一世紀後半〜紀元一世紀）になると、銅鼓や貯貝器などの滇の固有の文化が消え、中原の典型的な文物が出土するようになってくる。朝鮮半島もこの時期に無文土器時代（青銅器文化）を脱して原三国時代（初期鉄器文化）にはいり、中期後半（第四段階）以降の北部九州の弥生文化もそれまでを払拭して漢文化を基調とした鉄器中心の文化に変化している。後に「漢委奴国王」蛇鈕金印を下賜された奴国の確立はこの段階にあり、ガラス璧や内行花文清白鏡・鉄製素環頭《そかんとう》刀などの中原の典型的な文物が出土するようになる。倭として認識されるようになった弥生人の、漢との直接的な交流のはじまりである。

倭と滇の文化の変遷を比較してみたが、滇文化の四期に区分された変化の影響源は、朝鮮半島や北部九州の文化と読み替えても時期的にも内容的にもよく通じる。それは地理的に遠隔であっても、そしていわば文化の受容を強要された滇と積極的に受容した韓・倭の相違はあっても、漢の周縁にあるという条件の一致が、滇・韓・倭の時代の流れの軌を一にさせているといえる。ここに如実《にょじつ》に示されているように、当時の文明化あるいは国際化は、いかにして中国の社会・文化に近づくかであった。列島も例に漏れずに中国の傘下に組み込まれていき、以後の日本列島の生きかたを決する。

日本列島を革新した弥生社会の文化や生活が現代にいたるその後の日本の基調となる。そのことをこれから述べることにする。

# 人びとの暮らすムラ

## ムラの景観

たわわに実った稲穂が頭をたれる水田のあるムラ。たとえ稲穂の実っていない冬であっても、平地に大区画の水田のある光景は縄文人にとって異次元の世界だったろう。

### 斉一的な弥生のムラ

今では南の宮崎県都城市坂元遺跡から北の青森県弘前市砂沢遺跡におよぶ広い範囲に弥生時代前期のうちに水田が波及していたことが知られている。水田遺跡が増えるようになったのは群馬県高崎市日高遺跡の調査を契機としている。

榛名《はるな》山麓裾部の谷地形にある後期の日高遺跡では、両側の低い台地に住まいや墓地が営まれ、中央の低湿地が水田に利用されている。水田は約六〇〇〇平方㍍の面積分が検出されているが、九〇〜一八〇平方㍍ほどの小規模な単位の水田区画が四十数面ある。各水田は水路と幅一・〇

〜一・五メートル、高さ二〇センチほどの畦《あぜ》で区画されている。最古の水田として知られる福岡市板付遺跡の場合は取水・灌漑《かんがい》のために井堰《いせき》施設を設け、畦は矢板《やいた》や杭《くい》、それに盛り土のままなど各区画に個性がみられた。日高と近い時期の静岡市登呂遺跡では矢板によって畦を保護していたが、ここの畦は水口《みなくち》などは杭や加工された木材で補強されているが、盛り土のままの部分が多い。谷頭部と水田の上限の間は溜池として利用されていたと推定されている。

水田の東側の台地からは竪穴住居一五棟が検出されていて、ここで日高ムラの人びとは暮らしていた。新旧二期に区分でき、同じ時期にムラを構成していた竪穴住居の数は一〇棟よりも少なくなる。穀倉などの高床倉庫の存在も木製段梯子《だんばしご》からうかがえる。住居群のある台地とは水田を挟んで向かいあう西側台地は墓地に使われていて、墳丘墓《ふんきゅうぼ》（方形周溝墓）三基や壺棺《つぼかん》墓などが検出されている。もっとも大きな一号墓は一辺一〇〜一三メートルほどの規模で、凝灰岩《ぎょうかいがん》製胸飾りを着けた人物が葬られており、溝には大量の土器が供えられていた。ほかの墓との規模の違いをみても、ムラ長の墓と思われる。

これらの調査成果をもとに日高ムラの景観が散村風に復原されている（図2）。

日高ムラではここに暮らした人びとの日常生活を物語る資料も知られている。木製の鍬《くわ》・鋤《すき》やエブリを使った水田からの収穫は炭化したコメやモミとして残っている。ほかにもマクワウリ・ヒョウタン・モモなどの種子があるが、これは庭先か畑で栽培された作物であろうし、クルミや

図2　日高ムラの景観

カシ・クヌギ・ナラなどの堅果類やノブドウは山で採集してきたと思われる。これらを盛りつけたであろう木製高杯もある。獣骨はシカを除いて細片になっているが、火を受けたものもあるので、動物質食材として食べられたのであろう。これらの食材によって、水田の広がる日高ムラであっても、住まいのまわりにある畑で作物を栽培し、動物の狩りやドングリ類などの山の幸を求

図3　弥生人が描いた大木ムラ

めて山にはいる、そうした暮らしの風物詩がみえてくる。

復元された日高ムラの図は、これを勝手に別のムラの復原図といっても通じるほどに、蓄積された発掘調査で知られてきた、高まりに住まいを構え低地に水田を営むどこにでもある弥生ムラの趣きがある。こうした弥生のムラを弥生人自身が描いている。図3は福岡県夜須町大木遺跡で検出された甕棺《かめかん》の外側に刻まれていたもので、弥生時代の土器絵画としては福岡市吉武高木遺跡の疾走するシカに続いて、古い。

絵はかなり粗雑だが、意味は十分に伝わってくる。左からムラの入り口を思わせる鳥居風の門、その右に何かわからない四角形の図文がある。さらに右には竪穴住居が四棟、少し間をおいてさらに四棟の竪穴住居がある。住居は重なりや大小があって、遠近法による表現とも思える。住居の前には輪郭を大まかに線刻され内部を黒く着色された四足獣が二頭いる。弥生の土器絵画に描かれる四足獣のほとんどがシカであり、これも例にもれない。シカの左にも線刻があり、やはり弥生の土器絵画によく出てくる水鳥と思われる。シカ・水鳥・建物は土器絵画のあらわれる頻度の高いものの一〜三位であり（橋本裕行「弥生時代の絵画」『弥生人の鳥獣戯画』一九九六年）、最古に近いこの絵にすでに三つが揃っていることは興味深い。野生のはずのシカがムラにいることは播種《はしゅ》の犠牲儀礼に関係し、地霊としてのシカと穀霊としての水鳥（春成秀爾「角のない鹿」『日本における初期弥生文化の成立』一九九一年）に建物を配するところに、水稲耕作に生きるこのムラの豊穣《ほうじょう》への祈りが込められている。それとともに、集落の外と鳥居風の門で隔てられた内部に、四棟一組の群がいくつかあるムラの姿を知ることができる。

## 弥生の団地

発掘された弥生のムラは住まいと田や畑からなるのどかな散村の趣きがあり、土器に描かれた弥生のムラにも農村のたたずまいがある。

ところが、現代の都会に住む人びとにくらべて住宅事情が悪かったとも思えないこの時代に、アパート風の集合住宅をほうふつとさせる遺跡がある。福岡県筑紫野市以来尺《いらいじゃく》遺跡で、福岡平野から筑紫平野に抜ける要衝《ようしょう》の地にあり、眺望も開けている。住居は背振《せぶり》山地から東に張り出してきた丘陵の上部平坦地と南斜面にある。おそらくは一〇〇〇棟を越える住居があろうが、建て替えや重複が複雑に絡んでいて、調査報告書を読んでも調査区内の建物の総数や一時期の併存棟数を把握できない。それでいても重要な事実が示されている。丘陵頂部は人工的に整地されたのであろうが平坦で、梁行《はりゆき》三間（一四・五㍍）×桁行《けたゆき》一間（五・三㍍）の規模の大きな祭殿らしい掘《ほっ》立柱《たてばしら》建物の東側に竪穴住居や掘立柱建物がゆとりをもって建っている。まわりには大型掘立柱建物三棟や床面積が五〇平方メートル前後の竪穴住居が並んでいる。これにたいしかなり傾斜のきつい南斜面は段々畑状に六段に整地され、掘削した土砂を埋め立てて幅の狭い宅地を確保している。今では埋めた土が流失してしまい、段々畑状の部分に建てられた竪穴住居は大半が失われている。頂部平坦地の住居にくらべて各棟の床面積は三メートル×五メートル程度のものが大半で、かなり狭い。住まいの立地や床面積からみて、同じ以来尺ムラの住人といえども、丘陵上の平坦地に住む人びとと急傾斜面にとりすがるような段々畑状地の人びとでは大きな格差があり、後者にとって前者の人びとはまさに見上げる存在となっている。

傾斜面を加工して宅地を造成する例は岡山県山陽町用木山《ようぎやま》遺跡で最初に知られたが、当時の道具でこれを可能にした弥生人の土木技術の高さに感服するとともに、宅地不足などのない時代になぜこうまでする必要性があったのか考えさせられる。

## 竪穴住居と掘立柱建物

弥生のムラを発掘すると住居にかんする遺構として竪穴住居と掘立柱建物が検出される。ただ発掘された遺構は、建築部材や火事を被災して焼け落ちて炭化した上屋の構造材が出土することもあるが、ほとんどは平面の遺構で上屋は残らない。そこで弥生人みずからが造形し描いた家屋資料から、当時の住まいを探ることにしよう。

竪穴住居を表現した家形土製品が福岡市拾六町平田遺跡と岡山県総社市新本横寺《しんぽんよこでら》遺跡で出土し

ている（図4）。拾六町平田遺跡の家形土製品は長さ六㌢、高さ三・九㌢ほどの小形品ながら、竪穴住居の屋根の構造、ことに竹櫛状の工具で施された刺突文《しとつもん》で屋根葺《ふ》きの様子を伝えている。新本横寺遺跡の例も同じような小形の土製品だが、入母屋《いりもや》風に作られた屋根の構造がよくわかる。

『魏志』「倭人伝」には家屋の外観について記載されていないが、「韓伝」馬韓条に「居処は草屋

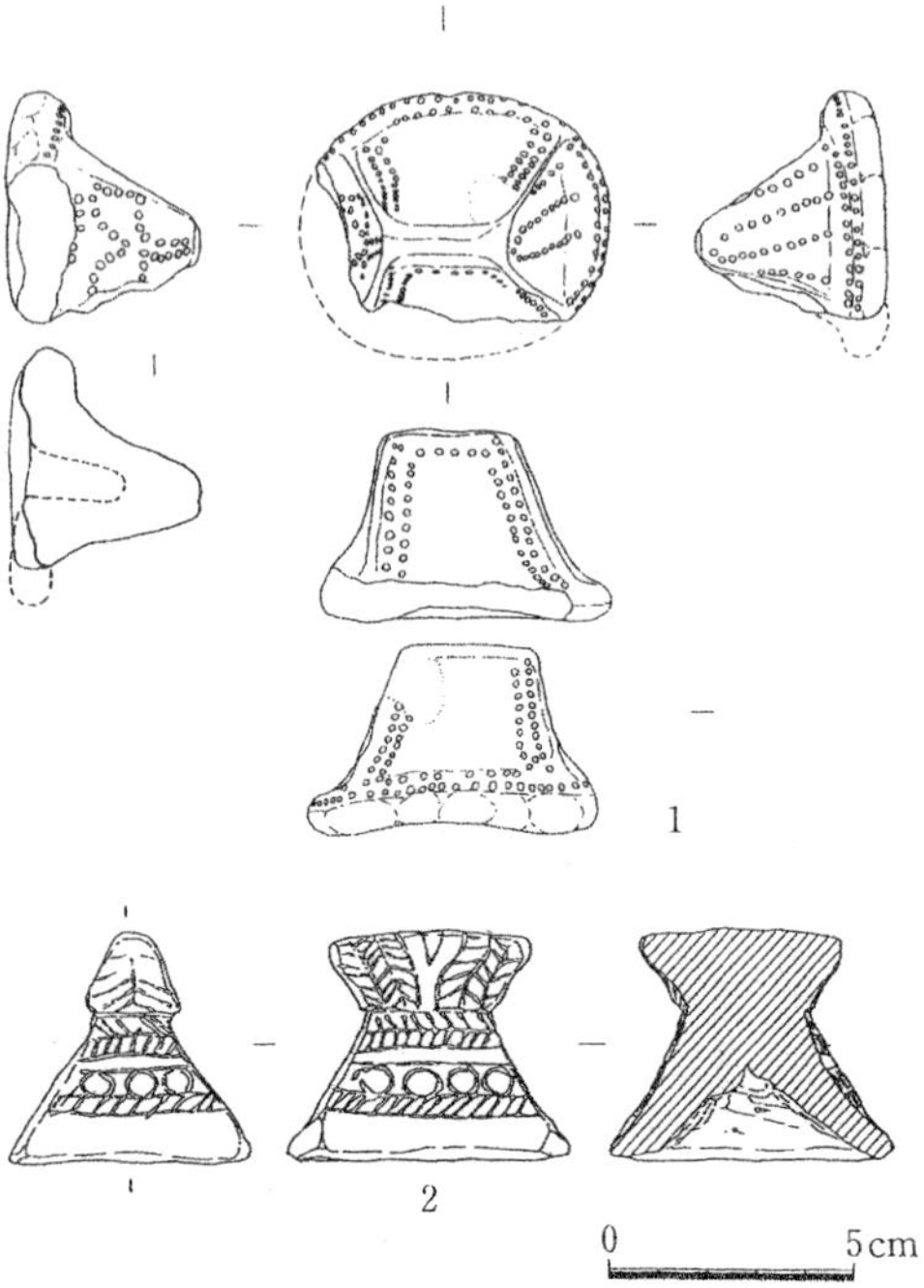


図4　竪穴住居の形態

1：福岡市拾六町平田　2：岡山県総社市新本横寺
3：静岡市登呂遺跡の復原竪穴住居（次頁上）

3

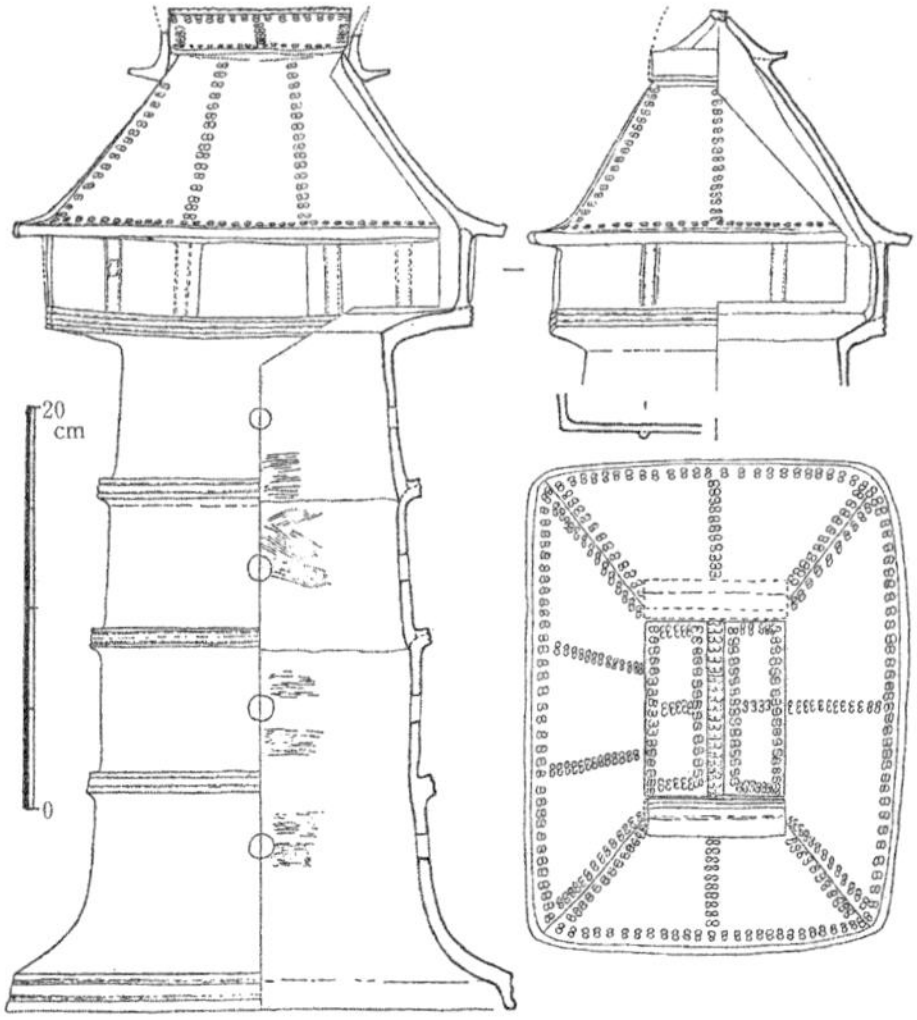


図５　女男岩遺跡の平地式掘立柱住居

土室を作り、形は家の如し。其の戸は上に在り」、つまり屋根を草で葺いた土の家をつくるがその光景は墓の盛り土のようで、屋根から屋内にはいるとあるのが参考になる。竪穴住居が古墳と紛らわしいということは屋根が地表まで葺き下ろされているということであろうし、だから屋根から屋内にはいる印象を与える。弥生人の住まいも中国の人には同様に映ったのであろう。

岡山県倉敷市女男岩《めおといわ》遺跡の器台状の台が付いた家形土器には壁が表現されているが、同じように壁で屋根を支える壁建ちの竪穴住居と考えられる例が大阪府茨木市新庄遺跡にある。屋内に柱が四本立っていて、こういう平面の竪穴住居はよくみられるから、壁建ちとまではいかなくとも屋根をそのまま降ろさずに四周を壁にしている住居は意外に多かったのかもしれない。

女男岩遺跡の家形土器は平地式の掘立柱建物と考えられる（図5）。長辺に入口のある平入りになっていて、表現されていない各角の柱を補うと入り口側に六本、裏側に五本、妻はいずれも四本立っているから、梁行四間×桁行三間の堂々たる住居になる。屋根は小屋根状の棟押さえをもつ寄棟《よせむね》につくられ、竹管状の工具を二つ合わせて8字状の刺突文をつけ屋根葺きの様子をあらわしている。寄棟の平地式掘立柱建物は土器絵画にも描かれていて、ことに岡山市雄町《おまち》遺跡の例では五本柱になっており、このような住まいが特殊でないことを知る。大多数の竪穴住居とくらべて、ここに住む人の地位が推し量れる。鳥取県倉吉市藤津《ふじつ》船隠《ふなかくし》遺跡や神奈川県厚木市子《ね》ノ神《かみ》遺跡の家形土器も平地式掘立柱建物だが、前者は壁に刻まれた柱の文様から梁行二間×桁行二間の寄棟造りであり、後者は切妻《きりつま》造りの屋根に奈良県桜井市纒向《まきむく》遺跡で知られている網代《あじろ》に組んだ竹壁を思わせる斜格子文《ななめこうしもん》であらわした壁が表現されている。小屋根が船形に作られているのも意味のあることであろう。熊本県山鹿市方保田東原《かとうだひがしばる》遺跡の家形土器は屋根を欠いているが、二間×二間の建物で、柱と柱を結び壁材を固定する貫材が二本通されている。壁の一面には入口があり、片開きの扉がしつらえてある。扉には把手がつき、把手と扉の右側につくられた突起の双方に閂穴《かんぬきあな》が表現されているから、閂を通して閉める構造になる。

土器に描かれた建物には切妻屋根の掘立柱建物が多い。図6の1は奈良県田原本町唐古《からこ》・鍵《かぎ》遺跡から出土したものだが、高床《たかゆか》構造がみられ、外に大きく張り出した切妻屋根の棟を支える棟持柱がある。岡山市南方《みなみがた》遺跡出土の分銅形土製品に描かれた高床建物は全形があり、棟持柱は棟の両端にある。これと同じ構造が銅鐸《どうたく》絵画だが2に示した伝香川鐸の一コマにあり、梯子《はしご》のつく高床建物の特徴がよりいっそう適確に表現されている。これらを参考に各地に5のような倉庫建物が復原されている。しかし切妻屋根を描いた土器絵画の多くは高床があらわされておらず、屋根とそれを支える柱だけからなっている。3はやはり唐古・鍵遺跡の例だが、二人の人物が梯子を伝って屋根に昇っている。同じ唐古には寄棟の例もある。これらは梯子が直接屋根に向かっている点に特徴があるが、6のように南西諸島など琉球圏の屋根倉形式の高倉にこういう構造がみられる。

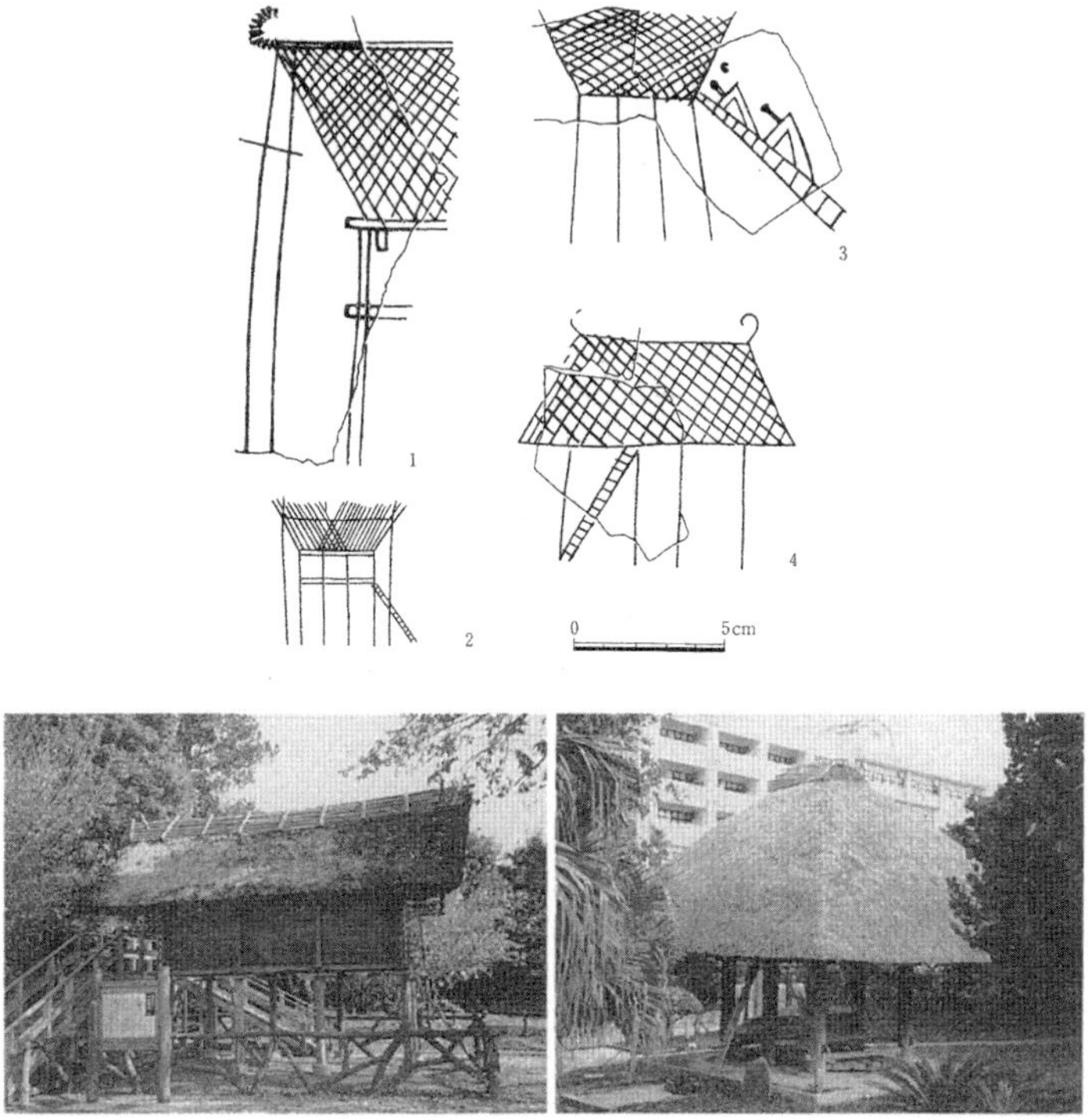


図６　倉庫に使われた掘立柱建物
1・3・4：奈良県田原本町唐古・鍵　2：伝香川鐸　5：静岡市登呂遺跡復原建物　6：沖縄国際大学構内移築建物

このように高床式の掘立柱建物は倉庫、主に穀倉と考えられている。遺跡の実際をみても、同じムラのなかでは掘立柱建物の数は竪穴住居にくらべて少なく、また前期的倉庫としての袋状竪穴に交替するように中期から数を増しているので、高床建物を倉庫とみるのは問題ないと思っている。

ムラには住まいとしての竪穴住居があり、倉庫としての高床式掘立柱建物が点在していた。竪穴住居には壁建ちにつくられたものもあり、有力な人びとは平地式の掘立柱建物に住んでいた。これ以外にも佐賀県神埼町吉野ケ里遺跡で復原されているような「倭人伝」にいう楼観風の望楼が建っていたかもしれない。高床建物は土間を一階とみれば二階建てといえないこともないが、そう無理をしなくとも、寄棟の二層の屋根と壁が表現された二階建ての建物が唐古・鍵遺跡の土器絵画にある（図7）。とりつけられた梯子からみてかなり高くつくられた建物になる。この絵はほかにも大きく湾曲する棟の両端や下層の屋根の辺りにある三個のS字状文などに特徴があるが、これと酷似した屋根の表現が参考に挙げた四川省出土の画像塼《せん》にある。屋根に数羽の鳥を配するのも画像塼・石の闕《けつ》（楼閣）にふつうにみられる。こうした共通点を考えると、中国に使いした唐古・鍵ムラの住人が彼の地から持ち帰った稿本を写した可能性がある。しかし技術的には建築が可能だから、稿本をもとに中国風の楼閣を再現したのであっても、十分納得できる。

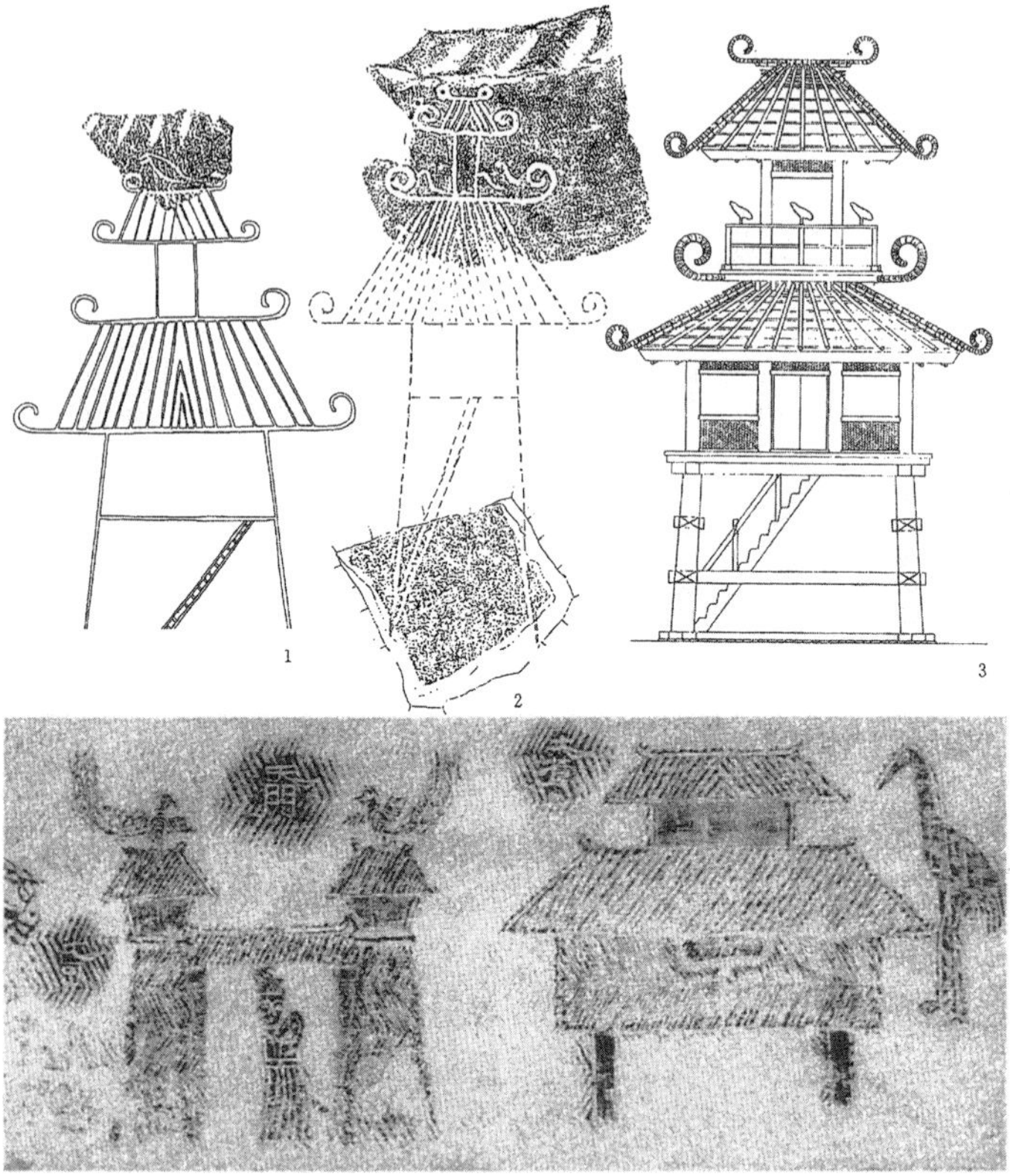


図7　唐古・鍵遺跡の楼閣状建物

1：棟に鳥がいる楼閣　2：屋根が2層になっている建物　3：2の復原建物　4：中国四川省簡陽3号石棺にみられる闕と2と同じに表現された屋根をもつ倉庫建物

一〇棟内外の住居と高床倉庫からなる散村風のムラや、人の密集する以来尺のようなムラなど、弥生のムラは大小さまざまにある。

## ムラからクニへ

なかでも中心的なムラを拠点集落とよんでいるが、そこは中心的な集落とそのまわりの集落から構成され、統率者が住む。以来尺ムラでは住居の立地・規模やゆとりからして頂部平坦地に統率者は住んだのであろうが、そうした統率者の住むムラの典型に吉野ケ里遺跡がある。約四五ヘクタールの面積を外濠で囲繞《いぎょう》し、内側の主要部をさらに内濠で区画する典型的な環濠《かんごう》集落として知られている（図8）。外濠の外にも倉庫地区を形成する高床建物群などの遺構があり、さらに集落の規模は広がるが、環濠で囲繞する範囲が集落の規模を考える目安になる。

ムラを環濠で囲まない大規模な拠点集落もある。例を鳥取県の大山町から淀江町にかけて連接する丘陵の上にある弥生時代後期を主とした妻木晩田《むきばんだ》遺跡にとってみよう。間近に海、山裾に水田地帯を望む丘陵の先端に、妻木晩田ムラの顔ともいうべき洞《どう》ノ原《はら》地区がある。東西六五メートル×南北九〇メートル、二・五メートルにおよぶ深さの環濠をめぐらし、内部の竪穴住居六棟、掘立柱建物一三棟からなる居住区を囲んでいる。掘立柱建物には望楼と思われるような大きさのものもある。濠の外には貼石《はりいし》墓や四隅突出型墳丘墓からなる墓地がある。洞ノ原の奥には竪穴住居一五五棟、掘立柱建物二一七棟などが検出されたもっとも住人の多い妻木山地区がある。ここには環濠は掘られていない。さらに奥に進むと、約四〇〇棟の竪穴住居・掘立柱建物が調査された松尾頭《まつおかしら》地区があ

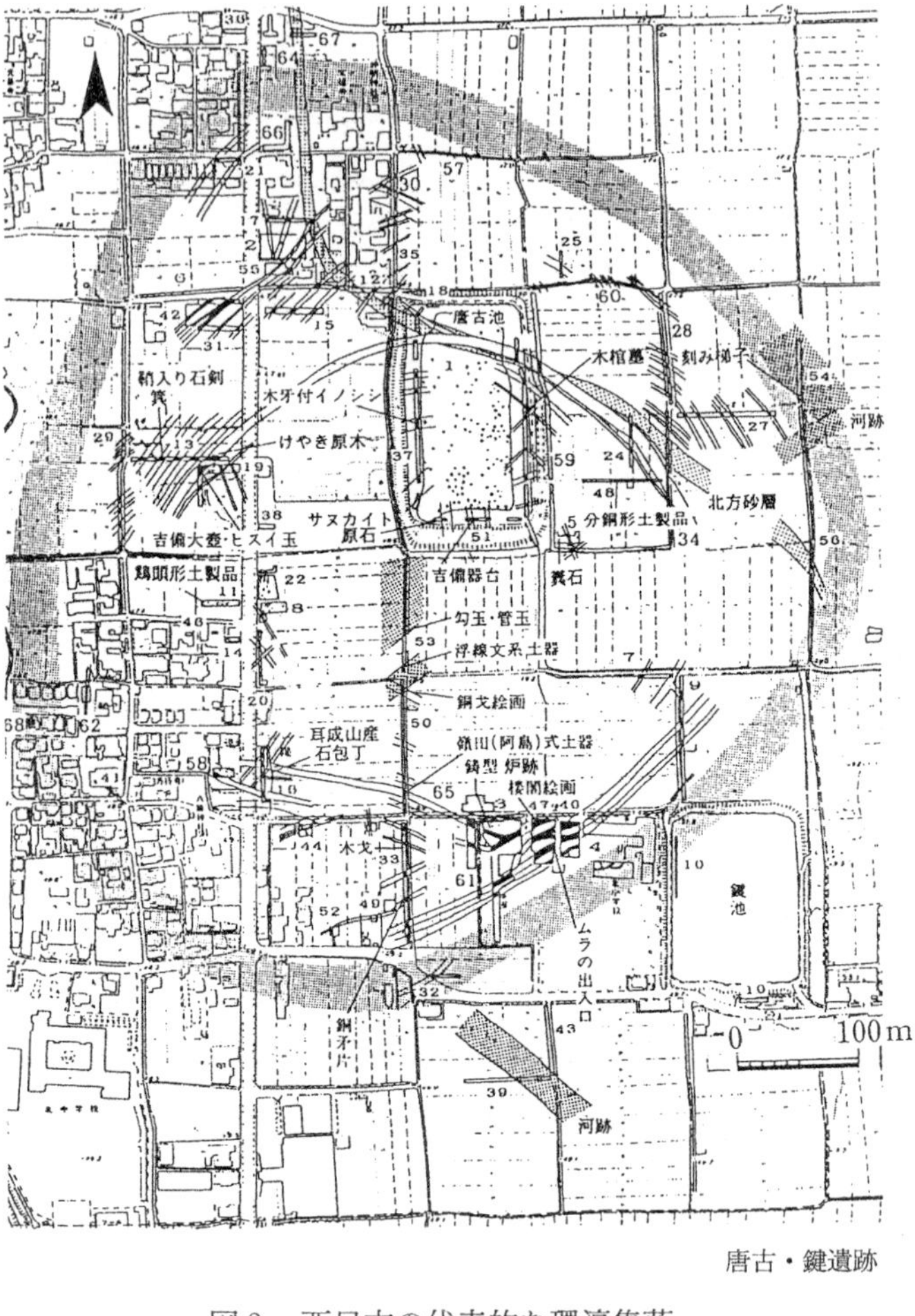


唐古・鍵遺跡

図8　西日本の代表的な環濠集落

## 41　ムラの景観

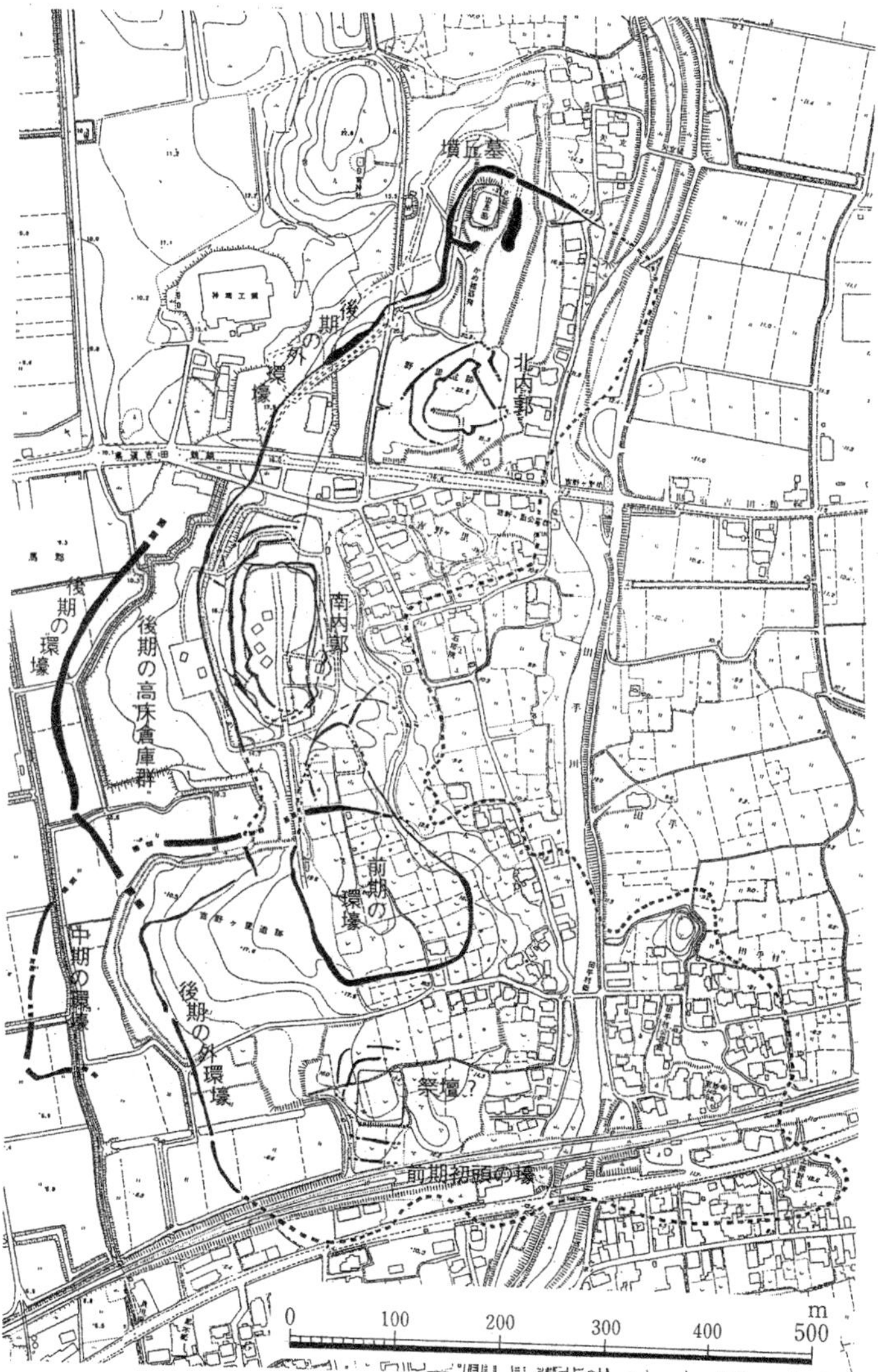


吉野ヶ里遺跡

る。ここには廂《ひさし》つきの大型建物が二棟あり、鳥装の人物を描いた土器が出土するなど、ムラの統率者が住まい祭りが行われた、妻木晩田ムラの中心的な集落とみられる。このように六ヵ所の住居地区などを合わせると、ムラの面積は一五六㌶に達し、以来尺ムラよりもゆとりのある生活面に総数八八六棟を数える建物がある。ムラの継続年度の永さや墓域の存在、松尾頭地区にある鍛《か》冶《じ》遺構を反映するような大量の鉄器の出土、そして湧き水の確保などに、この丘陵が日常的な生活の場であったことが示されている（佐古和枝『海と山の王国』一九九九年）。

工房地区だけで約五〇㌶を占める福岡県春日市の須玖岡本《すくおかもと》遺跡を盟主とする須玖遺跡群はもはや拠点集落の言葉ではいいあらわされない。これはもはやマチであり、都市である。

いくつかの集落が集まってムラとなり、拠点集落を中心としたムラがお互いに連携かつ競合しつつ共存し、平野などを単位とする地域社会がやがてまとまってクニを形成する。ムラにはムラオサ、クニにはオウが誕生している。その形成の過程については別に論じている（高倉洋彰「弥生時代における国・王とその構造」『九州文化史研究所紀要』三七、一九九二年）のでここでは再説しないが、このような弥生人のまとまりの実態を中国は「分かれて百余国を為す」（『漢書』「地理志」）、「凡《およ》そ百余国あり」「国、皆王を称し、世世統を伝う」（『後漢書』「東夷伝」）などと、国と王と表現している。

こうして、のどかな農村は自然な人のまとまりとしてのムラから、国を構成する基礎単位としての村へと変身していく。

# 稲刈りの風景

焼畑もしくは畑作による陸稲栽培の実際をみておきたいという気持ちで、菅谷文則と寺沢薫の両氏とともに中国雲南省西双版納《シーサンパンナ》自治州に行ったことがある。

## 愛尼族のコメ作り

省都の昆明から思茅《シーマオ》まで飛び、そこから人の気配もあまりない山中をはるばると走ってきたバスの窓に、西双版納の主都の景洪《チンホン》の街がみえた時の感慨は今も忘れられない。ことに景洪を取り囲む山々が、秋を彩る紅葉の赤味を真っ黄色に置き換えたように、黄金色に陸稲の実りで色づいていた光景が目に焼きついている。

西双版納のあちこちで稲作のある光景と生活をみたが、子供のころに体験した懐かしい文化にあふれていた。「西双版納は日本の弥生文化の原郷といわれていますが、どうお考えですか」と質問されたときに、弥生文化の源流・故郷とは考え難いけれども、弥生文化を考えるうえではたくさんのことが参考になると答え、「海の無い日本」と感想を伝えたほどであった。

勐海《モンハイ》県曼尾《マンウエイ》流沙河《リウシャホー》の近くで、山畑を耕している愛尼《アイニー》族（姶尼《ハニ》族の一派）の夫婦がいたので、好機をみのがすことはないと登っていった。ここはもとは焼畑だったのだが、環境破壊・自然破壊を防ぐために、政府の指導もあって近年は畑作による陸稲栽培に転換していた。出作り小屋の周囲には収穫したばかりの稲が干してあったが、赤米のいっそう色素の強い黒紫米で、一見すると黒米にみまごう。芳香があり、白米にこれを少量混ぜて炊くと香りの良い赤飯ができるので、珍重されている。実際に途中の青空市場で食べてみたが、色良し、香り良し、味良しだった。その黒紫米の穂を手にとってみると、驚いたことに、パラパラとほとんどの粒が落ちてしまう。少し強く振れば脱粒するのだから、脱穀に特別の道具を必要としない。こんな調子だから、小屋のなかにあった農具は平鍬《ひらぐわ》と耕した土を平らにならすためのエブリ、そして鎌だけだった。じつは、この組合せは、鎌を石庖丁《いしぼうちょう》に取り替えれば日本における水稲耕作出現期のそれと一致している（図9）。水稲であれ陸稲であれ、これが必要最小限度の道具ということであろう。

同じ勐海県曼瑩《マンイン》の傣《タイ》族の水田では脱穀の最中だった。体験させていただいたが、ここは水稲によるインディカ種の白米だったせいか愛尼族ほどではなかったが、やはり脱粒性が強くただ打ちつけるだけの脱穀だった。

もちろん、愛尼族も傣族も日本と同じく根刈りで収穫している。しかし雲南に限らず、陸稲は

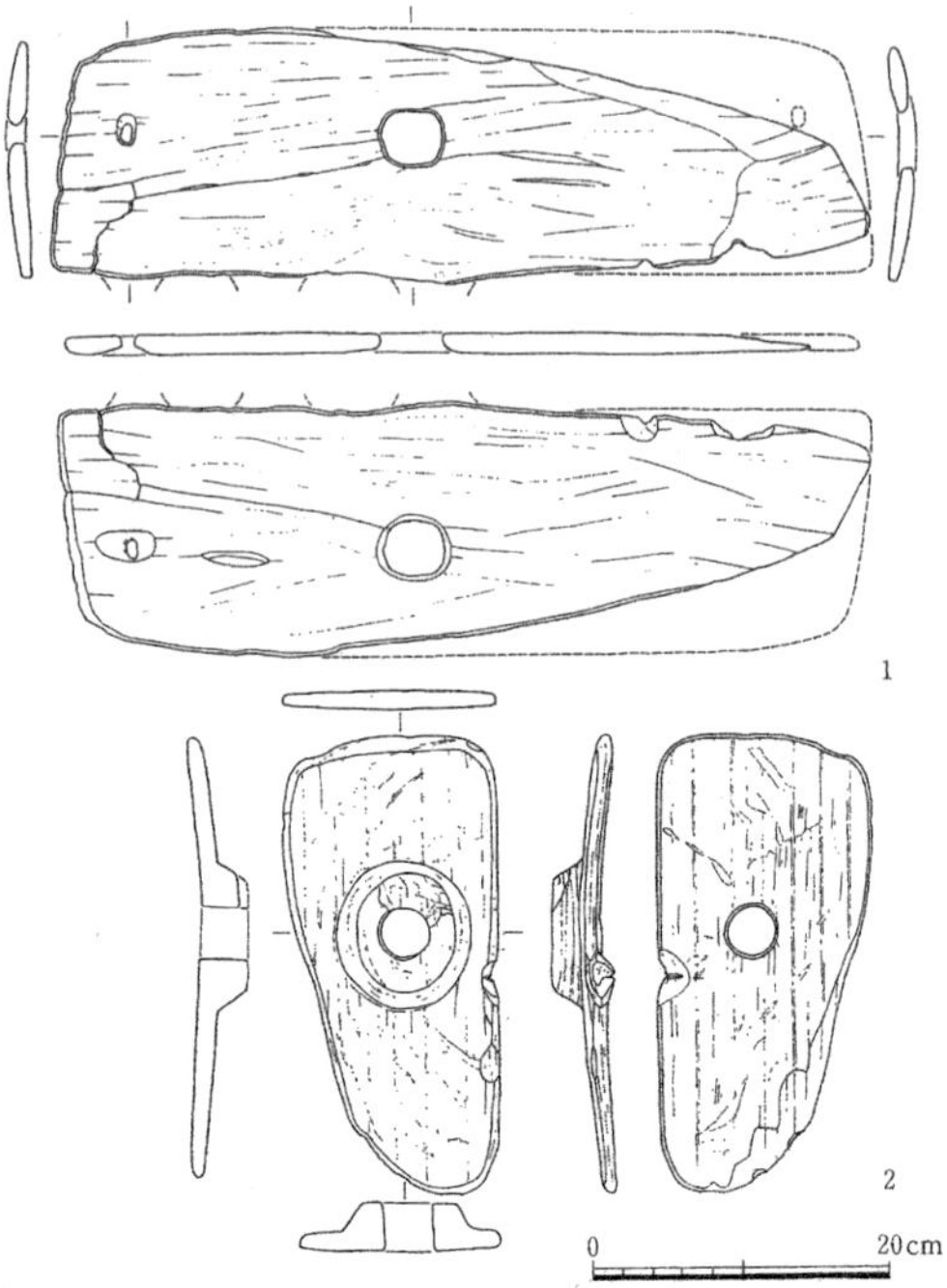

図９　水稲耕作に使われた最古の木製農具
（佐賀県唐津市菜畑遺跡出土）
１：水田を水平に均すエブリ　２：土を耕す諸手鍬

弥生時代と同じような穂首刈りが近年まで行われていた。図10がその道具で、石庖丁と同じ要領で収穫する。「いつまで使っていたのですか」と聞くと、なぜかどこでも「五〇年前まで」と答えるが、元江県龍洞の傣族の例には鉄刃にカッターナイフの刃が使われていたので、実際には近年まで使っていたと疑っている。カッターナイフがそんなに古くからあったとは考えられないのだから。愛尼族での体験は刈り取った後に干していたから脱粒性がいっそう増していたのだが、それにしても根刈りでは振動でかなりの粒が脱落してしまう。そこに穂首刈り法が永年伝えられてきた背景がある。

## 石庖丁使用の意義

雑穀栽培の一種としての、つまり畑作系の稲作が紀元前一〇〇〇年ころには伝わっていたことが明らかにされつつあるが、この段階には福岡県北九州市長行《おさゆき》遺跡の長舟形石庖丁を除いて、縄文時代の道具を革新するようなことはない。稲刈りに必要な石庖丁は、縄文時代の最終段階に水稲耕作にともなう道具として伝わった大陸系磨製《ませい》石器の一つとして、穂首刈り用の穂摘み具（収穫具）として普及する。

図10　苗族の摘禾刀（摘鎌）

やがてほかの石器は北部九州では弥生時代中期前半（紀元前二〇〇年前後）ごろに鉄器化していくが、石庖丁は容易に鉄器化せず、後期後半から徐々に手鎌《てがま》（鉄製摘鎌《つみがま》）に変化していく。石庖丁と手鎌では形態的に大差があるが、機能的には違いがない（図11）。一方、機械化以前の代表的な稲の収穫法は、鎌で根刈りする方法だった。その鉄鎌は列島では中期中ごろの小郡市大板井遺跡で姿をあらわして以来、ことに後期後半〜終末以降に普及する。しかし中期の鎌は稲刈り用ではなく、穂を刈り取られた後の残稈《ざんかん》処理もしくは稲《いな》

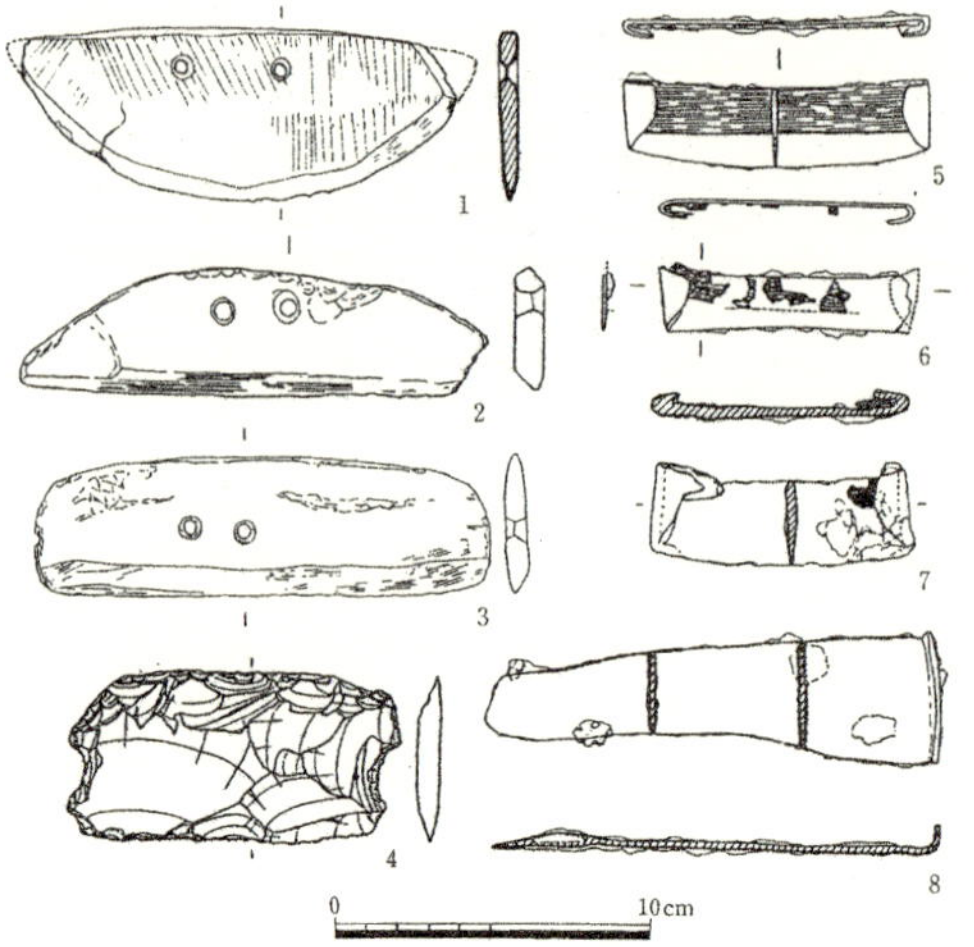


図11　各種の穂摘具

（1～4…石庖丁　5～7…手鎌　8…鉄鎌）

1：福岡市浄泉寺　2：大阪府寝屋川市高宮八丁　3：高知県香我美町下分　4：香川県観音寺市一の谷　5：福岡県春日市赤井手　6：福岡県筑後市狐塚　7・8：熊本県大津町西弥護免

藁《わら》利用のための薙鎌《なぎがま》と考えられている。たとえば鉄鎌の普及する時期の熊本県大津町西弥護免《にしやごめん》遺跡では、弥生遺跡出土の手鎌総数よりも多い五一点という驚異的な数が出土しているが、鎌はわずかに一点しかない。とても同じ用途とは考えられないし、もしいずれもが稲の収穫用であったとしたなら穂首刈りが基本であったことを意味する。根刈りの普及は次の古墳時代にはいってからである。

では、なぜ弥生時代に穂首刈りが行われたのだろうか。これには、品種の安定しない初期稲作の段階では稲の出穂《しゅっすい》期が不揃いだから実った穂を順次一本ごとに摘みとったとし、やがてまとめての穂首刈り、そして一度に鎌で根元から刈りとる段階に技術的展開をするという、近藤義郎と岡本明郎が説いた考古学界に不変不倒の学説がある（「石庖丁の歴史的意義」『考古学研究』八―一、一九六一年）。提唱されて以来圧倒的な支持を得ていて、これに疑問を呈した論文を読んだことがない。

**コメの脱粒性の克服**

しかしこの学説は間違っていると思う。提唱以後に積み重ねられた数多くの考古資料がそのことを明確に物語っている。たとえば、福岡市板付遺跡で発掘調査された水稲耕作出現期の水田は中国の宋代のそれに匹敵するような完成されたものであったし、佐賀県唐津市菜畑《なばたけ》遺跡出土のコメは粒の大きさが揃った安定した品種のものだった（もちろん未成熟のものを除く）。これらの事実は、列島に伝わってきた水稲耕作技術が洗練されたきわめて完成度の高いものであったことを示しており、稲もまた淘汰され安定した品種が伝わっていた可能性が高い。雲南省晋寧県でほかの水田にくらべて極端に不作の田があり、鎌で穂首刈りをしていた農民に会ったことがある。実った分だけの穂を刈り、他の部分は根刈りして豚の餌にすると力なく語ってくれた。弥生時代にはこのようなアクシデントが連続し、出穂期がバラついたのだろうか。むしろそれは例外で、伝播してきて以来、列島では出穂期の不揃いのために穂首刈りをするような事態はなかったとみてよかろう。

ではなぜ穂首刈りなのだろうか。私にとって頭を悩ませる難問だった。そして雲南の体験で穂首刈りは「脱粒」の防止対策であると考えるようになった。しかし、弥生時代の稲の「脱粒」性の高さ、そしてその解決策を証明することは困難であって、論文としてまとめるにはいたっていない。だが脱粒性の高さを前提にすれば、稲穂から籠状のものに粒を叩き落とせば簡単に収穫できるのだから、稲作第一波としての畑稲作に収穫具をともなっていないことも理解できる。第二波の水稲は、出穂期は一致し、叩き落とすには脱粒性が弱まっている、そういう段階のコメだったのだろう。

青森県弘前市砂沢遺跡では早くも弥生時代前期に水田がつくられているが、東日本の全体としては中期前半から中ごろにかけて水稲耕作が定着する。福島県いわき市番匠地《ばんじょうち》遺跡のように、山間地に谷水田を開き、区画された水田に水路や水口《みなくち》、畦《あぜ》を保護する杭《くい》などの施設をつくるなど整っている。東日本まで秋の列島が黄色く色づいたときに、弥生社会は完成する。列島のあちこちで穂首刈りしたコメをムラの広場で干し、脱粒性が高まったところで脱穀する、そんなのどかな情景が浮かんでくる。

## 畑稲作の評価

ここまで農作業を水田でのコメ作りに視点をおいて述べてきた。このようなコメ重視の姿勢には批判がある。寺沢薫は自らが渉猟した栽培種だけでも三七種を数える弥生人の植物質食材から、コメ重視に疑問を投げかけている（「畑作物」『季刊考古学』一四、一九八六年）。だが、ほかの食材はコメの副食であり、コメが不足したときの増量材であり代用品であったことを忘れてはならない。畑作や漁撈や植物採集などの捕採活動が稲作を補完してきたとする田中義昭の見解（「弥生時代以降の食料生産」『岩波講座日本考古学』三、一九八六年）を支持したい。広瀬和雄は初期稲作を、縄文時代後期後半〜晩期の畑稲作卓越段階、晩期終末〜弥生時代前期中ごろの畑稲作・水田稲作結合段階、そして前期後半以降は畑稲作・水田稲作併存段階になると考えている（『縄紋から弥生への新歴史像』一九九七年）。さらに沖積平野では水田稲作が畑稲作を駆逐したが、火山性台地や洪積段丘《こうせきだんきゅう》の発達した地域では畑稲作が普及していくとする。広瀬の考えは水田不適地での畑稲作の評価の必要性を指摘しているのだから十分理解できるし、水田であれ畑であれできたコメに変わりはない。だからといって二つの稲作は、たとえその地で畑稲作の収穫量が卓越していても、同等ではない。それは畑稲作の農民には、天にも昇らんとする棚田《たなだ》にみられるように、条件さえ整えば連作が可能で収穫量の増加を望める水田に切り替えようとする意志が、いつもあるからである。

中国の例ではあるが、地形的に水田耕作があまり望めない山東省にあっても、『周礼《しゅらい》』や『論語』によればこの地は華中・華南に次いで稲作が盛んであった。これだけでは畑稲作の可能性もあるが、『春秋左氏伝』に今の臨沂《リンイー》市の北にあった鄅《う》の国君が稲田巡行をした記事があり、『孟《もう》子《し》』には水を必要とする苗つまり水稲にかんする記事があって、地形にもかかわらず水田を作る努力を重ねている（渡辺正気「文献より見たる古代山東省の稲作事情」『九州考古学』六七、一九九二年）。先の西双版納でも、山の傾斜面でもできうるかぎり棚田をつくり水稲をするが、これ以上は無理となった段階で陸稲に切り替えている。同じ農家の作業で、水稲への執念が読みとれる。参考になろう。

## 畑の遺構

後に述べるように、三重県嬉野《うれしの》町貝蔵遺跡から出土した二世紀後半の壺に「田」字が墨書され、隣接する片部遺跡からも「田」字を墨書した四世紀代の壺が出土している。この「田」字（後出図49〈一七五ページ〉）が水田を意味するかあるいは畑なのか興味がある。というのも、水田不適地の多い黄河流域で発達した漢字だけに「田」のもつ本来の意味はハタケである。水稲耕作が東に波及したときにそこにはすでにハタケがあった。そこで、いつのころのことかわからないが、朝鮮半島では「田」を本来のハタケの意味で受け入れ、水田については「畓」という韓字を創り出す。ところがその延長にある日本列島では水田の意味で受け入れてしまい、ハタケを意味する漢字を失ってしまった。そこで繰り返される耕作で有機物や水分を含み黒化する黒田・玄田にくらべ、乾燥して地表が白化するハタケにたいして白田、つまり「畠」の国字をあてる（木村茂光『ハタケと日本人』一九九六年）。畠はやがて畑というもう一つの国字に替わっていく。こうした事情はあるが、以下の記述では水田稲作と畑稲作の二様の稲作を考えてきた関係で、「畑」に統一する。ちなみに本家の中国では「田」は今でもハタケの意味で使われることが多く、水田はそのまま水田あるいは稲田という。焼畑稲作で知られる浙江省から福建省にかけての山地に住む少数民族畲《ショ》族の「畲」は焼畑の意味である。

こうした漢字成立の事情を考えると、貝蔵・片部遺跡の「田」字は畑を意味するように思うが、その畑で陸稲を含めた多くの栽培作物がつくられる。そして最近では弥生時代の畑の実例も知られてきている。

鹿児島市で開かれた日本考古学協会の二〇〇〇年度大会では「はたけの考古学」がテーマの一つにとりあげられた。その資料集『はたけの考古学』に検出された畑の遺構が満載されている。畑の遺構は、榛名山の噴火によって住居をはじめ六世紀中ごろの生活の総体が一瞬にして地中にパックされた群馬県子持村黒井峯遺跡や、砂に埋もれていた中世の鳥取県羽合《はわい》町長瀬高浜遺跡などに好例がみられる。長瀬高浜遺跡では地形を利用し畑を等高線にたいして斜めまたは直行するようにつくっていて、一定の面積を柵《さく》で区画している。プラント・オパールや軟X線分析によって、コメを主体にキビなどの雑穀類が栽培されていたと考えられている。黒井峯遺跡の場合も畑は住居の近くにある。同様の遺構が韓国では慶尚南道晋州市大坪里《テピョンニ》遺跡などで紀元前六〜五世紀の例が検出されている。大坪里遺跡漁隠《オオン》一地区の例では、丘陵頂部の平坦地に営まれた竪穴住居に接するように、畑の畝列《うねれつ》が広がる（図12）。プラント・オパールからみて陸稲の栽培が考えられる。これら日本の後世の畑遺構や大坪里遺跡などを参考にすると畑には畝《うね》がある。そこで畝と考えられる遺構が検出されている例をみると、弥生時代の畑は最初に注目された静岡県沼津市目黒身遺跡をはじめ約一〇ヵ所になる。ほとんどが後期の例だが、最近福岡県小郡市三沢《みつさわ》蓬ケ浦《ふつがうら》遺

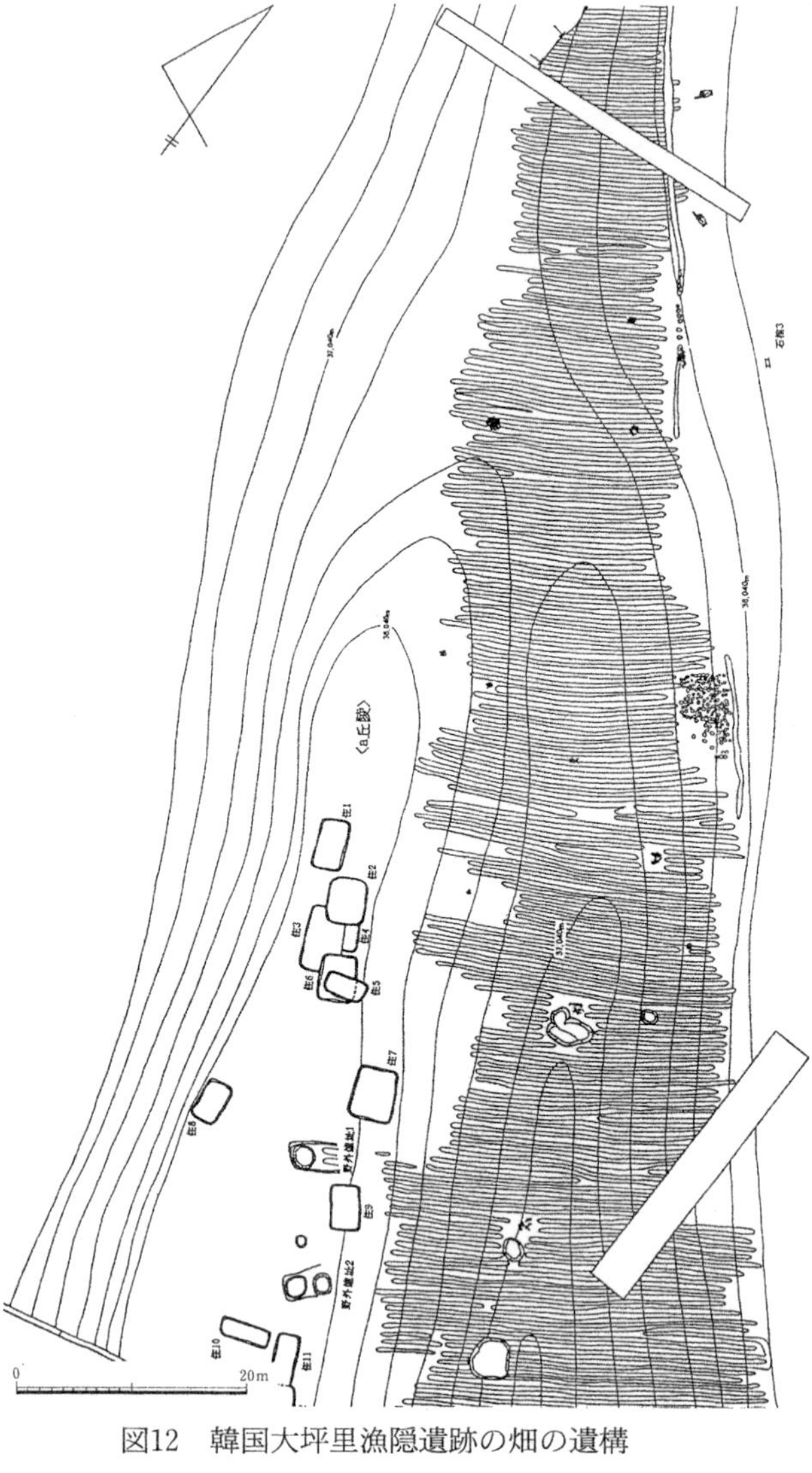


図12　韓国大坪里漁隠遺跡の畑の遺構

跡で前期の畑が調査され、時期をさかのぼらせている。長さ五〜一五メートル、幅一〇〜四〇センチの畝が二十数列あり、穀物や豆類と思われる炭化種子も出土している。すぐそばには竪穴住居四棟があり、近くに谷水田もある。住居・水田・畑が一組となった三沢蓬ケ浦遺跡の畑には家庭菜園的雰囲気があり、筑紫平野という穀倉地帯の縁辺での畑の在りかたを示している。

図13　発掘調査中の宜野湾市前原第１遺跡の小穴状畑

畝以外の形の畑もある。図12の大坪里遺跡漁隠一地区の畝遺構の右手中央に小さく半球形に掘り込んだ小《しょう》穴《けっ》群がある。同じような遺構は広州市渼沙《ミサリ》里遺跡など韓国や、宜野湾市真志喜大川原第一遺跡など沖縄県でも知られている（図13）が、沖縄の場合は『朝鮮王朝実録』の記事に符合し畑の一形態であることがわかる。今後は畝遺構に加えて小穴遺構にも注意する必要がある。

これまでとりあげてきた畑はいわゆる常畑《じょうばた》だが、遺構を検出することは不可能に近いものの、山の傾斜面を利用した焼畑もあったに違いない。

| | (3) 登呂水田で直播栽培が行われた場合の種籾を差引いた実質収穫量 | (4) 登呂水田で田植栽培が行われた場合の種籾を差引いた実質収穫量 |
|---|---|---|
| | 56石6斗6升7合3勺 | 60石1斗1升3合1勺 |
| | 44石6斗3升6合2勺 | 48石0斗8升2合0勺 |
| | 32石6斗0升5合1勺 | 36石0斗5升0合9勺 |
| | 14石5斗2升2合8勺 | 17石9斗6升8合6勺 |

### コメと畑作物

植物性食料にかんする調査をすすめている寺沢薫によれば、陸稲を除いた畑で栽培される作物の種子として、穀類ではアワ・ヒエ・キビ・モロコシ・ムギ類（オオムギ・コムギ・エンバク）・ソバ・ハトムギが認められ、これにダイズ・ツルマメ・アズキ・エンドウ・ソラマメ・リョクトウ・ササゲなどの豆類、さらにカボチャ・スイカ・ヒョウタン仲間（ユウガオ・ヒョウタン・フクべ）・メロン仲間（マクワウリ・雑草メロンなど）などのウリ科の植物、ゴマ・シソ・エゴマ・ゴボウ、可能性としてのエノコログサにおよぶ。これに畑というよりもそのまわりでモモ・スモモ・ウメ・アンズ・カキ・ナシなどの果実類も栽培される。食材ではないが、衣服の原料となるアサ・カラムシ・クワも重要な栽培作物となる（「畑作物」『季刊考古学』一四、一九八六年）。このように、出土の種子から、陸稲を含めると三七種の作物が栽培されていたことがわかる。また栽培作物ではないが、出土遺跡の頻度数としてはドングリがコメ

| | (1) 奈良時代における１反当りの収穫量（沢田吾一氏による） | (2) 登呂水田全域からの収穫量 |
|---|---|---|
| 上　田 | 8斗4升6合 | 60石2斗2升6合7勺 |
| 中　田 | 6斗7升7合 | 48石1斗9升5合6勺 |
| 下　田 | 5斗0升8合 | 36石1斗6升4合5勺 |
| 下々田 | 2斗5升4合 | 18石0斗8升2合2勺 |

表１　乙益重隆による登呂ムラのコメ収穫量の試算

を上回っている。

ところで弥生人のコメの収穫量について、乙益重隆は沢田吾一が奈良時代の正税帳《しょうぜいちょう》から計算した反当りの収穫量を参考に、中田程度、つまり反当り六斗七升七合（八四・六三キロ）以下と推定している（「弥生農業の生産力と労働力」『考古学研究』二五―二、一九七八年）。次いで水田の総面積のわかる静岡市登呂遺跡の収穫量を考え、一人が毎日平均三合食べたとして約四八人を養えるとし、検出された一二棟の竪穴住居に平均五人住んだとして六〇人になるから、全員の腹を満たすことはできないとしている（表1）。寺沢は前期で反《たん》当り二〜五斗（約二五〜六二・五キロ）、中期でも七斗（約八七・五キロ）、後期以降になってやっと八斗（約一〇〇キロ）を超える生産高の高い水田も出現するようになったとみている（寺沢薫・寺沢知子「弥生時代植物質食料の基礎的研究」『橿原考古学研究所紀要』五、一九八一年）。乙益の表に合わせると、後期になって上田の収穫量を望める水田が出現したことになり、これであれば登呂の人びとはギリギリ食べることができる。しかしそれはコメ作りが順風満帆にいったときのことで、これらの数字はむしろコメだけに頼る食生活が危険であったことを示している。

しかしこれらはやや悲観的な数値にも思える。もちろん毎食白ご飯だったということはないにしても、甕《かめ》に焦げついて残るコメも、神奈川県平塚市真田《さなだ》・北金目《かなめ》遺跡群で検出されたおにぎりも白ご飯だったことは、意外に多くの収穫量があったことを考えさせる。コメは充足できるというほどではないにしても、かなりの程度に食卓をうるおしていた。だからこそ労働力を確保するために人口増もできたし、新たな水田可耕地を求めて人を移動させ、猛烈な勢いで水田を北上させることができた。縄文人の食生活の豊かさが明らかになっている今（鈴木公雄「縄文人の食生活」『縄文人の生活と文化』一九八八年）、食に事欠くコメ事情だったら、苦労して水田を開くことはなかったろう。

それでも天変地異などもあってコメ不足はあったろう。それを補うのが畑作物であり、雑炊状にしてコメにほかの食材を加えたカテ飯としての食事や、あるいは畑作物のみを食べる日々もあったことは想像できる。山勝ちな日本列島では水田適地は限られているし、栽培作物のなかにおけるコメの比重を考えれば、コメのみでなく補食として穀類をはじめとする植物性食材が必要不可欠であったろう。栽培された作物や採集された植物の品種の多さは、食卓の豊かさというよりも、貧しさを示している。しかしそれでもなおコメは重視できる。なぜならコメの味と保存力を覚えた弥生人にとって、作り食べられるからではなく、作ること食べることを願望する第一の食材がコメだったからである。

# 男の仕事と女の仕事

## ムラの鍛冶屋

弥生時代の分業を論じた都出比呂志は、性的分業の例として、土器の成形や紡績などとともに農作業のうちの脱穀を女性の仕事としている。注目できるのは、兵庫県神戸市の桜ケ丘銅鐸《どうたく》の絵画に鋳出《いだ》された人物の頭部が○頭と△頭に表現されていることの評価で、狩猟を行う○頭を男性とみるのにたいし△頭に描かれた脱穀をする人物を女性であると指摘している（「考古学における分業の問題」『考古学研究』一五―二、一九六八年）。マードックは世界各地の二二四の種族の民族誌にあたって男女の性別における労働の分業を調査しているが、それを都出は表2のように整理している（『日本農耕社会の成立過程』一九八九年）。1から20までを主に男性が分担するのにたいし25～46は女性優位の仕事であることがわかる。それと対照すると、狩猟や漁撈は男の仕事、脱穀は女の仕事の代表的な例になるが、銅鐸絵画ではそれぞれ○頭

| | 労働種目 | 男性優位指数 |
|---|---|---|
| 1 | 金属工芸 | 100.0 |
| 2 | 武器の製作 | 99.8 |
| 3 | 海獣の狩猟 | 99.3 |
| 4 | 狩　猟 | 98.2 |
| 5 | 楽器の製作 | 96.9 |
| 6 | ボートの製作 | 96.0 |
| 7 | 採鉱・採石 | 95.4 |
| 8 | 木材・樹皮の加工 | 95.0 |
| 9 | 石の加工 | 95.0 |
| 10 | 小動物の捕獲 | 94.9 |
| 11 | 骨・角・貝の加工 | 93.0 |
| 12 | 材木の切り出し | 92.2 |
| 13 | 漁　撈 | 85.6 |
| 14 | 祭祀用具の製作 | 85.1 |
| 15 | 牧　畜 | 83.6 |
| 16 | 家屋の建設 | 77.0 |
| 17 | 耕地の開墾 | 76.3 |
| 18 | 網の製作 | 74.1 |
| 19 | 交　易 | 73.7 |
| 20 | 酪　農 | 57.1 |
| 21 | 装身具の製作 | 52.5 |
| 22 | 耕作と植付 | 48.4 |
| 23 | 皮製品工芸 | 48.0 |
| 24 | 入れ墨など身体加飾 | 46.6 |
| 25 | 仮小屋の建設と撤去 | 39.8 |
| 26 | 生皮の調整 | 39.4 |
| 27 | 家禽や小動物の飼育 | 38.7 |
| 28 | 穀物の手入れと収穫 | 33.9 |
| 29 | 貝の採集 | 33.5 |
| 30 | 編物の製作 | 33.3 |
| 31 | 火おこしと火の管理 | 30.5 |
| 32 | 荷物運び | 29.9 |
| 33 | 酒や麻薬づくり | 29.5 |
| 34 | 糸や縄の製作 | 27.3 |
| 35 | 籠の製作 | 24.4 |
| 36 | 敷物(マット)の製作 | 24.2 |
| 37 | 織物製作 | 23.9 |
| 38 | 果実・木の実の採集 | 23.6 |
| 39 | 燃料集め | 23.0 |
| 40 | 土器の製作 | 18.4 |
| 41 | 肉と魚の保存管理 | 16.7 |
| 42 | 衣類の製作と修繕 | 16.1 |
| 43 | 野草・根菜・種子の採集 | 15.8 |
| 44 | 調　理 | 8.6 |
| 45 | 水運び | 8.2 |
| 46 | 穀物製粉 | 7.8 |

男女比 ／ 男と女との分担度合（％）10 20 30 40 50 60 70 80 90 100 ／ 男性が占める比率 ／ 女性が占める比率

表2　マードックによる男女の性別労働

と△頭になっている。○頭は男性そして△頭は女性であるとした佐原眞の分析（「銅鐸の美」『日本美術工芸』三六三、一九六八年）には異論もあるが、認められよう。

狩猟や漁撈とともに男が多く分担する仕事に、武器の製作や木材・石材・骨角の加工などさまざまあるが、なかでも金属工芸は完全に男の仕事になっている。金属工芸といえば、弥生人の生活を再現した絵には広場で青銅器を鋳造している様子がよく描かれているが、ふつうのムラではこれはない。福岡県春日市須玖《すく》永田遺跡や須玖坂本遺跡などで知られている青銅器の鋳造工房は作業場である掘立柱《ほったてばしら》建物のまわりに溝をめぐらしているから、露天の広場でする仕事ではない。青銅器の鋳造実験に立ち会ったことがあるが、非常に高度の技術が必要で、素人が片手間にやる仕事でもない。事実、専門の工人が住んでいたであろう青銅器造りのムラは、春日市須玖遺跡群、佐賀県鳥栖《とす》市の柚比安永田《ゆびやすながた》と本行《ほんぎょう》の両遺跡、大阪府茨木市東奈良遺跡、そして奈良県田原本町の唐古《からこ》・鍵《かぎ》遺跡くらいのもので、鋳型が出土した遺跡であってもそれは先に挙げたムラから専門工人が出吹き（出張製作）にきたと考えたほうがよさそうに思われる。

これにたいして鉄器の製作にはそれほどの専門性はいらない。鉄器の製作といっても大きく製鉄、精錬（大鍛冶《かじ》）、鉄器製作（小鍛冶）の三工程があり、前二者に専門性が必要なことはもちろんである。ただ弥生人が製鉄や精練を行っていたかどうかはまだ判断できる状況にないが、中期末から福岡県築城《ついき》町安武深田遺跡で知られる鍛冶遺構や鏨《のみ》・鎚《つち》・砥石《といし》などの鍛冶具（図14）が各地の遺跡で出土するようになり、日本列島に特徴的な板材を三角形に加工したのみの無茎式鉄鏃《てつぞく》が中期前半の福岡県太宰府市吉ケ浦遺跡でみられるなど、前期末〜中期初頭には鉄器製作の技術が伝わり（橋口達也「初期鉄製品をめぐる二、三の問題」『考古学雑誌』六〇―一、一九七四年）、急速に波及している（村上恭通「弥生時代における鍛冶遺構の研究」『考古学研究』四一―三、一九九四

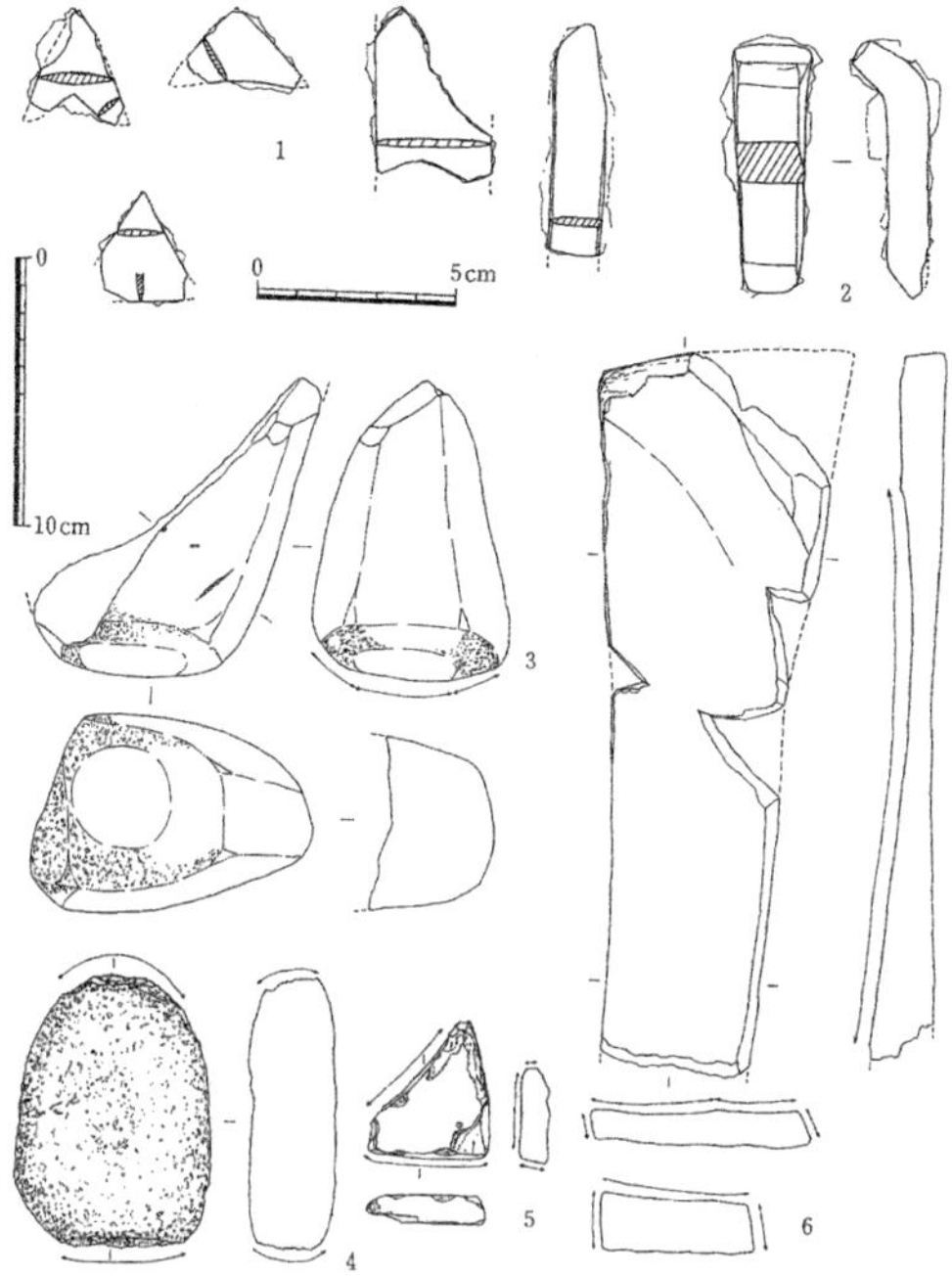


図14　安武深田50号竪穴住居出土の鍛冶関係資料

1（5点）：鉄器未製品および鉄片　2：鏨　3・4：石製鎚　5・6：砥石

年）。みずから鉄生産ができなかったにしても、『魏志《ぎし》』「韓伝」に「韓・濊《わい》・倭」が皆取っているとあるように、弁韓から技術とともに鉄素材を入手して鉄器製作をはじめたのであろう。

青銅器にたいして鉄器製作には小鍛冶の作業にあまり専門性がいらないとした。以前に中国浙江省杭州市で西湖に浮かぶ名勝三潭印月で遊んだときにたまたま護岸工事をしていた。それをみていると石の形を整えていた石工《いしく》たちは、鉄ノミの刃先が鈍ってくると、かたわらのふいごで真っ赤に焼き、いとも簡単に鎚で刃先をつくりなおしていた。武器であっても武器形の祭器となっても、青銅器は首長層が必要とする非日常的な金属器であった。ところが鉄器はつとめて実用的で、その効率の良さが知られてからは、日常生活で多用されるようになる。そこで簡単な鉄器についてはは自分たちでつくるようになり、男性の仕事としてその鎚音がムラを活性化させていく。

## 機織りする女性

『万葉集』でもそうであるように、女性の代表的な仕事に機織《はたお》りがある。機織りは思った以上に力のいる仕事で、現代のアジアをみてもブータンのように男性が機を織る例もあり、マードックの表でも男が二三・九％を占めているが、それでも多くは女性が織っている。

縄文人は編布《あみぬの》という種類の織らない布を着ていた。ところが縄文時代晩期の九州に組織痕土器とよばれる外底部に布の痕跡のある土器があり、編布に長崎県深江町山ノ寺遺跡や宮崎県串間市下弓田遺跡などで織布《おりぬの》と思われる例がまじってくる。新たにあらわれた織布は織機を使用する点に特徴があり、編布からの技術的な発展というよりも、水稲耕作文化体系の一環として朝鮮半島から新たにもたらされ弥生時代に普遍化する中国系の技術であった。水稲耕作とともに伝わってきた女性の新しい仕事だった。

　機織りの普及は織布や織機から知ることができるが、出土遺物が限られている。ところがそれに替わって、紡錘車《ぼうすいしゃ》とよんでいる径三〜五センチ、厚さ五ミリほどの、中心に孔《あな》の開いた小さな土製や石製・骨製の遺物が、織布の技術が日本列島内を急速に普及していったことを教えてくれる。機織りには一定した太さに紡《つむ》がれた糸が必要になる。紡錘車は中央の孔に細長い棒を通して使う。石製の紡錘車と木製の軸（紡茎）とを組み合わせて一体化した例が大阪府東大阪市鬼虎川《きとらがわ》遺跡で出土していて、紡錘に用いられたことがわかる。その使用法も平安時代末の『信貴山縁起《しぎさんえんぎ》』などの絵巻物でわかり、現代でも中国西南部から東南アジアにかけての少数民族の女性がこれを操って糸を紡いでいる。それをみると、紡錘車の回転の速さで糸の太さを整えつつ撚《よ》りをかけ、紡いだ糸を軸の糸巻棒に巻きとっている。縄文時代後期後半〜末ごろからみられるようになるが、佐賀県唐津市菜畑《なばたけ》遺跡や福岡県二丈町曲り田遺跡など水稲耕作出現期の遺跡から急速に出土量を増し、弥生時代前期には列島の各地に普及する。変哲もない小さな遺物なのだが、機織り技術の普及、そして織布でつくられた衣服の普及を知る重要な手がかりを与えてくれている。女性は住まいと田畑の往復や子守などで手が空いたときには寸暇を惜しんで紡錘車で糸を紡ぐようになり、忙しくなる。

紡がれた糸を織った布には、植物繊維からなる麻布類《あさぬの》（布《ふ》）と蚕糸《さんし》を織った動物繊維の絹（帛《はく》）があるが、麻布類をつくる植物繊維としてのアサやカラムシ、絹をつくりだす蚕《かいこ》の餌になるクワが畑で栽培されていたことは寺沢薫らが指摘している（寺沢・寺沢前掲論文）。織機は原始的であっても、それらの繊維を糸に紡いで、密度の高い平織《ひらおり》の布が織られている。小笠原好彦の論考（「縄文・弥生式時代の布」『考古学研究』一七―三、一九七〇年）に導かれながら実際の例をみると、麻布類では山口県下関市綾羅木郷《あやらぎごう》遺跡のカラムシを平織りされた最古の例は一平方㌢《センチ》の密度が経糸《たていと》二〇本にたいして緯糸《よこいと》が一八本であり、大阪府堺市四ツ池遺跡から出土した前期の壺に着いていた圧痕《あっこん》では経糸二〇本、緯糸一三本だった。それが中期の大阪府和泉市池上遺跡の例になると経糸二六本にたいして緯糸が一二本になり、熊本県大津町西弥護免《にしやごめん》遺跡の大麻布でも経糸二五本にたいして緯糸が二〇本と密度を増している。これら麻布類の実例に加えて福島県会津若松市南御山《みなみおやま》遺跡や宮城県仙台市南小泉遺跡など東北地方にまでおよんでいる麻布痕土器を参考にすると、麻布類は経糸と緯糸の比が二対一から三対二ほどのものが多く、池上遺跡の例に近い。絹の場合は、福岡県春日市須玖岡本遺跡の平絹は経糸と緯糸がそれぞれ三五本×二〇本、一七本×一三本であった。ほかの遺跡から出土する絹も同じようなもので、経糸と緯糸の比は三対二となる。絹の実物は北部九州からしか出土しないが、愛知県名古屋市高蔵《たかくら》貝塚から出土した土器

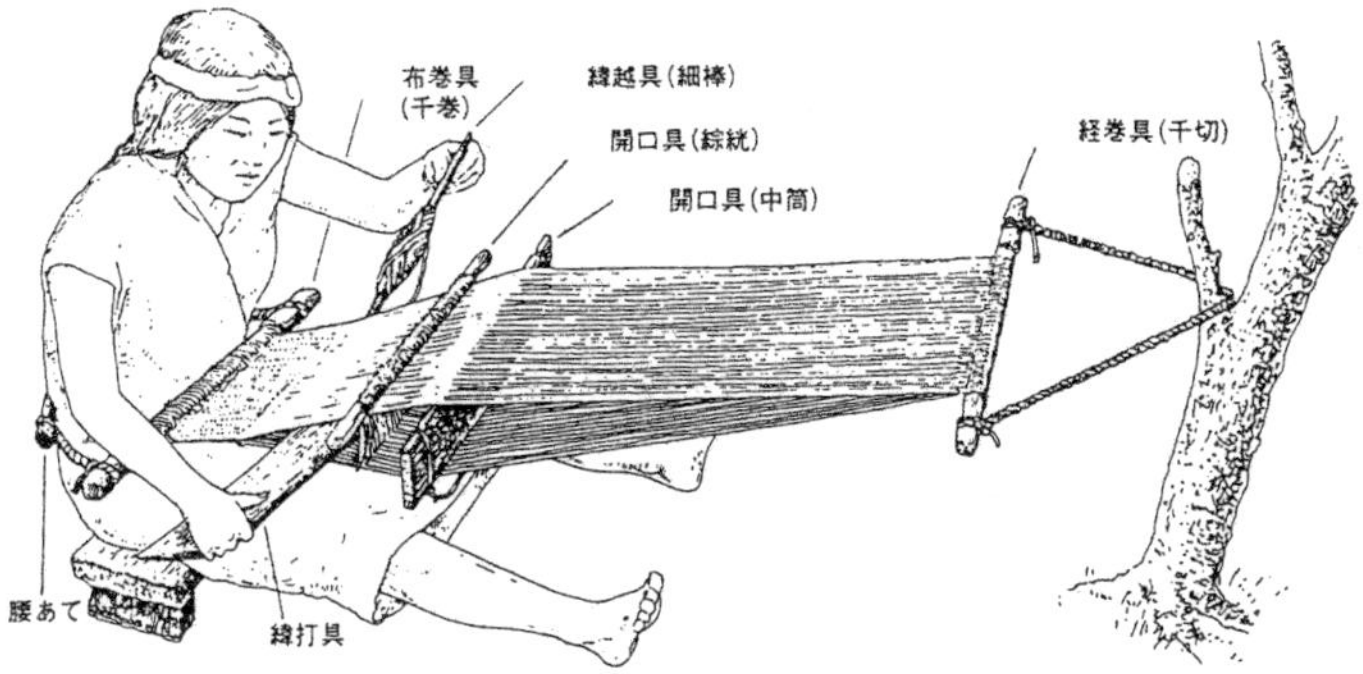


図15　地機とその道具

の底部に絹と思われる圧痕があり、案外に普及していたと考えている。仮りにそれほど普及していなかったとしても、麻布類と絹の密度はそれほど変わらないから、弥生の人びとは平均して縄文人よりも目の細かな衣服を着ていたことになる。

これらの布を女性が織る。彼女らが使った織機の実物は、奈良県田原本町唐古《からこ》・鍵《かぎ》遺跡ではじめて注目されて以来、大分県国東《くにさき》町安国寺遺跡や静岡市登呂遺跡など山形県にいたる各地の遺跡で検出されている。織機の研究に大きな足跡を残した太田英蔵はそれらを、主要操作具としての経糸を交互に引き上げて開口させる開口具、開口した経糸に緯糸を通す緯越具《よここしぐ》、通された緯糸を打ち寄せる緯打具《よこうちぐ》と、補助操作具としての経糸を巻きつける経巻具《たてまきぐ》、織り上がった布を巻きとる布巻具《ぬのまきぐ》とに分類している（「紡績具」『日本の考古学』三、一九六六年）。各部品を固定する機台は出土していないから、機の一端を柱などで固定し他端を織り手の腰に結びつけて経糸を張り、手元で緯糸を通していく地機《じばた》（傾斜機）として復原されている（図15）。だから織られた布の幅は女性の腰幅よりもやや狭い程度になり、実際緯打具や経巻具についた糸の擦《す》り傷をみても、三〇センチ前後になっている。それにしても、経糸は水平に緊張して張っていなければならないから女性の腰も固定され、緯打具で緯糸を打ち寄せるときも力が必要になる。それに時間も必要だから、家族のために暖かい衣服をつくる機織りの作業は、女性に過重な負担を強いることになる。

### 戦う男と指揮する女

とかく住みにくいという人の世ではいさかいが絶えないし、いさかいに男女の区別はない。兵庫県神戸市神岡から出土した桜ケ丘五号鐸《たく》には争う三人の男女が描かれている（図16）。中央の○頭であらわされた男が棒状のものを振りかざし、右手の△頭の女を殴ろうとしていて、それを左手の△頭の女が仲裁しているようにみえる。福井県春江町井向一号鐸にも争う男女が描かれている。しかし戦闘になると別で、先のマードックの表にはないが、男性優位率九八・二％を占める狩猟よりも大きな男の仕事だった。

戦いを示す資料として、頭頂部に銅剣切先《きっさき》が刺さった平戸市根獅子遺跡の女性や、右腸骨に同様に銅剣切先が嵌入《かんにゅう》していた福岡県筑紫野市永岡遺跡の男性、胸骨に背後から石剣を刺されていた福岡県穂波町スダレ遺跡の男性など、身体に銅剣・石剣の切先片が突き刺さったままに遺存していた例が知られている。同じような形状の切先片は北部九州を中心に岡山市南方蓮田遺跡におよぶ広い範囲で知られているが、このような埋葬人骨にともなう武器の切先片は副葬品などではなく、逆にその人を死に致らしめた凶器であった。永岡遺跡の別の男性には人骨に銅剣の切先が突き刺さった状態で残っていたが、石剣の切先もあり、銅剣と石剣で襲われたことになる。福岡市吉武大石遺跡では銅剣・石剣の切先片のみならず、残片になった銅戈《どうか》や逆に切先を失った銅《どう》矛《ほこ》などが五基の甕棺《かめかん》墓から出土していて、殺し殺された戦闘集団の墓地の様相を示している。

鉄鏃《てつぞく》・石鏃《せきぞく》を射込まれた人骨もある。なかでも吉野ケ里遺跡・山口県豊北町土井ケ浜遺跡や大阪府下の八尾市山賀・八尾市亀井・豊中《とよなか》市勝部・四条畷《しじょうなわて》市雁屋《かりや》・東大阪市巨摩《こま》廃寺《はいじ》などの遺跡で多数の石鏃を射込まれた被葬者が検出されている。その集中度から立往生というよりも身体を固定されての射ち込みのように思われ、処刑や祭祀《さいし》のさいの犠牲である可能性があるが、戦死の可能性も捨てきれない。

吉野ケ里遺跡や福岡県横隈《よこぐま》狐塚《きつねづか》遺跡・福岡

図16　争う男女

図17　首のない西新町遺跡の被葬者

県筑紫野市隈西小田《くまにしおだ》遺跡などで頭部を失った男性人骨が知られている。福岡市西《にし》新《じん》町遺跡の甕棺墓でも首を切断されて頭部を失った男性が検出されているが、この頭部は同じ墓壙《ぼこう》のなかの別の壺に納められていた（図17）。こうした埋葬人骨に首を欠いている現象は戦いによって首級をあげられた結果とふつう考えられている。頭部を欠く人骨は水稲耕作出現期（夜臼《ゆうす》式期）の福岡県志摩町新町《しんまち》遺跡二四号土壙《どこう》（木棺）墓に早くもみられる。この墓に埋葬された熟年男性の人物自身、左大腿骨頸部《だいたいこつけいぶ》に朝鮮系柳葉《やなぎば》式磨製石鏃《ませいせきぞく》を射込まれていて、治癒《ちゆ》反応がみられないことから即死に近い状態だったとされている。しかも彼の足元およびその下に掘られた小さな穴から別の若者の歯が検出されていて、戦いで首級をあげられた犠牲者であったとみられている（橋口達也「弥生時代の戦い」『九州歴史資料館研究論集』一七、一九九二年）。倭国《わこく》の乱に近い後期後半の横隈狐塚一五七号甕棺墓の被葬者の例は第五頸椎《けいつい》で首を切り落とされ、左大腿骨も鉄刀などの鋭利な金属器で深くえぐられていた。メッタ切りにされたうえに首を切られたという雰囲気がある。まことに凄惨なものがある。

しかしながら、頭骨とほかの部分の骨が別々にまとめて集骨されていた土井ケ浜遺跡のように必ずしも戦いによる首の切断とは考えられない例があり、これらを検討した田中良之は儀礼行為に遺体をあつかった可能性を指摘している。先の諸例はいずれも首を失っているにもかかわらず丁寧に葬られている。繰り返す戦闘によって共倒れすることを防ぐために代表者を出して決着をつけるという民俗事例があり、敗者であってもムラの勇者として遇されたとしてもよかろうが、田中が指摘するようにすべてを戦いと結びつけるのは危険に思われる。

それにしても、男の仕事としての戦いは戦争の現場における実行為者としての戦士であって、指揮者もまた男性であるとは限らない。倭国の乱を治めた卑弥呼《ひみこ》も、魏《ぎ》から派遣された張政に檄《げき》をもって告諭された壱与《いよ》も女性だったのが、その格好の例になる。頭に銅剣を突き立てられた根獅子の犠牲者は熟年の女性だったが、女性兵士というよりも指揮者だったのだろう。

水稲耕作の伝播とともに登場する環濠集落や、中・後期にみられる高地性集落のような城砦《じょうさい》的集落は、このような戦闘・戦争への備えであろうし、そこに稲作農耕社会がもつ戦闘的な一面をみることができよう。

# 装いの背景

# 男性は貫頭衣、女性は袈裟衣

## 衣服を考える資料

博物館に行くと、よく竪穴住居の屋内で生活する弥生人のジオラマが展示されているが、貫頭衣《かんとうい》を着た母親と袈裟衣《けさい》を着た父親、それに子供たちからなる場合が多い。遺跡から出土する衣服の資料は布地の断片くらいに限られているから、貫頭衣と袈裟衣の復原は『魏志』「倭人伝」からの情報をもとにしている（角山幸洋『日本染織発達史』一九六八年）。

もちろん縄文人も衣服をまとい、装身具で身を飾っていた。縄文時代早期初頭の愛媛県美川村上黒岩遺跡から出土した女性岩偶《がんぐう》には、ベルト状の横線とそこから垂れ下る多数の縦線が線刻されていて、下半身に腰蓑《こしみの》をまとっていると考えられている。同じ早期の滋賀県大津市石山貝塚からはヤカドツノガイ製の首飾りが出土している。これらの初期の例をはじめ、縄文人の衣服や装身具など、装身の資料は多い。この縄文人の装身を弥生人は受け継がなかった。その筆頭は衣服が編布《あみぬの》から織布《おりぬの》に変化することであり、これにともなって縄文人が体験したことのない新たなアクセサリーが出現してくる。これもまた水稲耕作とともに新たに伝わってきた文化なのだが、弥生社会の成長にともなって、衣服やアクセサリーは自分を美しく飾りたいといった願望の発露ではなく、身分差や職掌などの身分表示の手段へと変化する。ごく一部の弥生人にとって弥生ファッションは他人の羨望《せんぼう》を浴びる手段となったが、大部分の人びとはその装身感覚を満足させる術を失っていった。

そうした事情はあるが、まず貫頭衣と袈裟衣とされる弥生人の衣服を出土資料で点検してみよう。

## 弥生人の自画像

図18は弥生人みずからが土器をキャンバスに描いた人物像で、1〜3は鳥のような顔をしていたり大きな羽を着けていたりして、鳥装をした司祭者と考えられる。そのことは後に改めて触れるので、ここでは衣服をみておこう。

1〜3はいずれも着衣が腰の部分ですぼまる。ワンピース状の衣服の腰に紐《ひも》を巻いているか、上衣と下衣の別があることの表現かであろう。3には左右で文様が異なるものの、ふくらみのある袂《たもと》のような袖《そで》がついている。2は両肩から垂れ下る線がみえ、1の残された左肩にも線がみえるから、おそらくは背にマント状のものをまとっているのだろう。1・3は奈良県の橿原《かしはら》市坪井

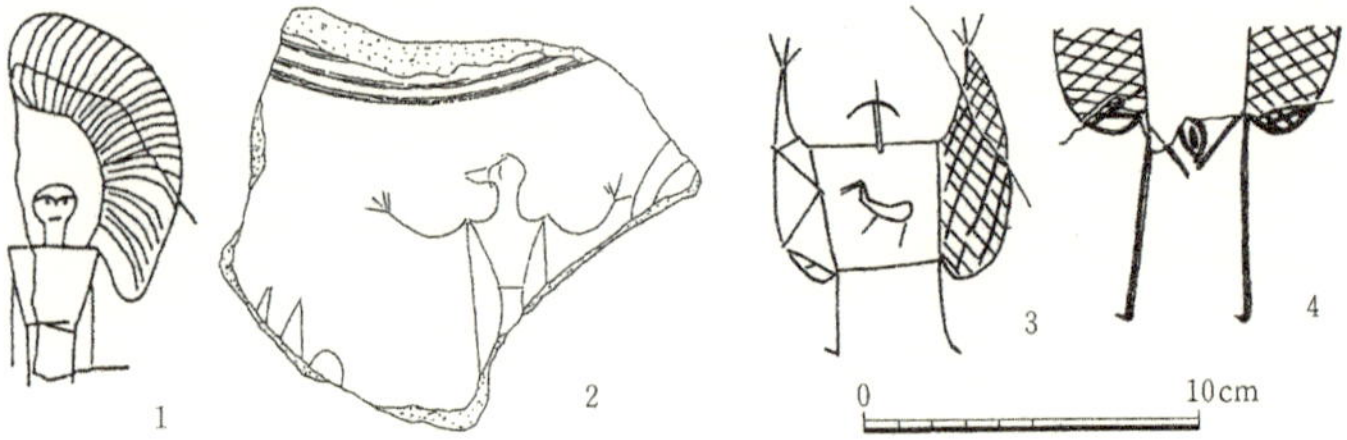


図18　弥生人の自画像

1：奈良県橿原市坪井　2：岡山県御津町新庄尾上　3：奈良県田原本町清水風　4：奈良県田原本町唐古・鍵

遺跡と田原本町清水風遺跡から出土したもので互いに近いが、2は岡山県御津《みつ》町新庄尾上遺跡とかなりの距離がある。そこでの共通した表現はこれらの衣服が普遍性をもっていたことを思わせる。

1・3と近い田原本町唐古《からこ》・鍵《かぎ》遺跡から出土した4は左右に3と同じように袖が表現されている。股間に描かれた女性器から、下衣をつけていないこともわかる。つまり4は女性の衣服で、同じ表現の袖をもつ3も女性の衣服であろうし、表現の共通性から弥生人みずからが描いたこれらの衣服は女性用のものである可能性が強くなる。ともあれ弥生人の衣服には袖があり、女性は股間が露出するようなミニを着ることもあったことがわかる。

**衣服の考古資料**　このことは実際に出土する資料で照合できる。弥生時代の布地は機織《はたお》りされた織布である点を大きな特徴とする。実物はその多くが北部九州の遺跡から出土している。それによれば、弥生時代前期中ごろの福岡県小郡《おごおり》市横隈北田遺跡で検出された大麻もしくはアカソと判断されている材質の麻布や、山口県下関市綾羅木郷《あやらぎごう》遺跡出土の苧麻《ちょま》を材質とする麻布が古い。しかしその技術はすでに縄文時代晩期に伝わっていて、佐賀県唐津市菜畑遺跡から出土した山ノ寺式の浅鉢形土器の底部に平織《ひらおり》された布が圧痕《あっこん》となって残っている。絹も福岡市有田遺跡の前期末の甕棺《かめかん》墓に副葬された細形銅戈《どうか》を巻いていた例が知られている。いずれも菜畑以来の平織で、それは弥生時代の大多数の織物の織りでもある。

衣服を考える資料は中期からみられるようになる。甕棺墓に埋葬された人の骨に付着して織物片が出土することがあり、それは埋葬された人物が着ていた衣服が残ったのであろう。例は少ないが、中期前半（紀元前二世紀）の福岡県甘木市栗山遺跡から絹片、小郡市北牟田遺跡からは麻片、そして中期後半（紀元前一世紀後半）の福岡県太宰府市吉ケ浦遺跡では絹および麻片が検出されているから、中期以降の弥生人は絹と麻を衣服の素材に利用していたとみてよい。絹にかんしては、資料が北部九州に限られていることから、ここだけが絹を使用する地域であったと説く研究者もいる。しかしこれらが北部九州に特有の甕棺墓からの出土であること、逆にいえば甕棺墓以外からの出土はほかの地域と同様に知られていないことからみて、列島内に相当に絹が普及していた可能性を視野にいれていてよいと思う。

これらの布地は、太宰府市吉ケ浦や大阪府和泉市池上、佐賀県神埼町・三田川町吉野ケ里などの遺跡から縫い目を残す布地が出土していることから、土器絵画の衣服のように、袖を含めて縫い合わされていたことがわかる。実際に大阪府東大阪市鬼虎川《きとらがわ》遺跡や奈良県田原本町唐古・鍵遺跡などから縫い針が出ている。鬼虎川の針は骨製で一〇・六《セン》《チ》もあるが、現在の縫い針と同じように細長くつくられ、頭部には糸を通す孔がある。「倭人伝」は「その衣は……ただ結束して相連ね、ほぼ縫うことなし」と伝えるが、縫い合わされた布地や縫い針はそれを否定する。吉野ケ里の例は衣服本体に筒袖《つつそで》を縫い合わせていて、後に述べるように埴輪《はにわ》にみるような貫頭衣風筒袖の上衣を想像させる。

## 織りと色彩

織布には色彩のあるものもあった。中期中ごろ（紀元前一世紀前半）の吉野ケ里遺跡の北墳丘墓に埋置された一〇〇二号甕棺墓は、内面に塗られた華やかな朱、同鋳式有柄銅剣の緑銹《りょくしょう》、そしてガラス管玉《くだたま》の青の三色の織り成すカラフルさから、映像を通じてこの遺跡を人びとに印象づける原動力となった。その銅剣には絹と麻の二種類の布が付着していたが、麻には紫色の染めが認められている。同じ吉野ケ里遺跡の丘陵地区II区〇一三五号甕棺墓から出土したイモガイ製腕輪に付着していた絹は、日本茜《あかね》で赤（緋《ひ》）色、貝紫で紫色に染められていた。後者の場合、一枚の絹を二色に染め分けていたのか、異なる色の布を重ね合わせたのかはわからないが、弥生時代の織物が色彩をもっていたことは明らかとなった。やや後の倭の情報を伝える『魏志』「倭人伝」に、倭は魏に「班布《はんぷ》」「倭錦《わきん》・絳青縑《こうせいけん》・緜衣《めんい》・帛布《はくふ》」「異文雑錦」を貢献したとあり、色彩や文様の存在を示しているが、吉野ケ里の資料はそれを証明している。

弥生人は絹と麻を素材として色彩感のある衣服を平織していたのだが、じつは〇一三五号甕棺墓からは絹糸に撚《よ》りをかけて透目《すきめ》の縮緬《ちりめん》風に薄く織った製品が出ている。この紗縠《さこく》の類と考えられる薄く織られた透目絹は漢でも高級の絹で、しかも織りの特徴から北部九州産と考えられる。弥生人の衣服は、無地ばかりでなく赤や青などの色彩があり、平織に加えて透目絹（それに錦や縠など）などの種類をもつ織物を裁断縫合していたと思われ、「倭人伝」よりもはるかに優れた内容をもっていたことを出土資料が証明している。

吉野ケ里遺跡には大麻で織られた麻布もある。今、都会の雑踏をさまざまな色彩の衣服に身を包んだ人びとが行き交う。その衣服の主の職業を、色彩や文様で、警察官など一部を除いて類推することはできない。しかし古代には、親王や一位の深紫をはじめ三位以上の最高級官人に紫が独占された（養老衣服令）ように、色彩は身分を示していた。これにたいして一般の人を、たとえば六六六年（天智五）に百済《くだら》の男女を東国に移したことに関連して「緇《ほうし》と素《しらきぬ》を擇《えら》ばず」（『日本書紀』天智天皇五年条）とあるように、白一色のモノトーンの衣服であったことから「素」つまり「しらきぬ」と表現している。緇は「ほうし」「くろきぬ」で僧侶をあらわすから、色彩感のある衣服は役人、黒は僧侶、白が一般と一目瞭然であった。したがって奈良県高松塚古墳の色彩感覚あふれた官女のような人びとが行き交う情景は都会を除けば、望むべくもなかった。弥生人の衣服に透目絹や錦のような織物、そして色彩のある例を示したが、魏少帝から下賜された絳《こう》地《ち》交龍錦《こうりゆうきん》や紺地句文錦《こんちくもんきん》で誂《あつら》えられた衣服は卑弥呼のみを飾り、吉野ケ里の透目絹やカラフルな布地はこの地の首長層の占有するところであったろうし、そして一般の人びとは麻布製の無地の平織を基調とする素で身を包んでいたのであろう。

## 貫頭衣と袈裟衣

ところで先にも述べたように、貫頭衣を着た母親と袈裟衣を着た父親というイメージは、「倭人伝」の「男子は……その衣は横幅、ただ結束して相連ね、ほぼ縫うことなし。婦人は……衣を作ること単被《たんぴ》の如《ごと》く、その中央を穿《うが》ち、頭を貫きてこれを衣《き》る」という記事からきている。このまま読めば、男子が袈裟（横幅）衣、婦人は貫頭衣だったことになるが、実際は男女が逆である可能性が強い。

「倭人伝」が指摘することに信憑《しんぴょう》性がないわけではない。男性が横幅衣を着用する例が中国の少数民族の一つ独龍《トールン》族に今でもみられ、女性の貫頭衣の伝統も同じく独龍族などにみることができるからである。しかし少数民族の多くは、佤《ワ》族や基諾《ジノー》族などのように、二枚の布を後部を縫い合わせるとともに前開きにした筒袖付き貫頭衣風の上衣を男女とも着ている。それは「その中央を穿ち、頭を貫」ける状態となる。これに男性はズボン（褌《はかま》）をはき、女性は巻きスカートを「横幅、ただ結束して相連ね、ほぼ縫うことなし」にして着ている。

土器絵画では○頭と△頭で描き分けられたはずの男女も衣服に変わりはないし、埴輪をみても上衣は男女ともに筒袖付き貫頭衣風になっていて大きな差はない。ただ男性の下衣はズボン（褌）をはいている。縄文時代の土偶には男性をあらわしたものは少ないが、青森県碇ケ関村古《こ》懸《が》遺跡から出土した男性土偶のように着衣の表現があるものをみると、前開きの上衣を着、下衣にはズボンをはいている。つまり縄文時代も古墳時代も男性はズボンをはいている。これにたいし埴輪の女性はスカート（裳《も》）を着けている。ところが大阪府豊中市野畑出土の巫女《みこ》と思われる女性埴輪は袈裟衣をまとい、裾が短いためか、股間に女性器が表現されている。宮崎県新富町百足塚《むかでづか》古墳の女性埴輪も袈裟衣状のものをまとい、別の埴輪ではつまみあげた裳の裾から女性器が露出している。女性器の表現は唐古・鍵遺跡の弥生土器にもある。女性器の表現は下衣を着けていないか、短いスカートであったためだろう。

これらからみて、弥生人の上衣は男女共通の筒袖付き貫頭衣風が基本で、女性用には袂《たもと》風のふくらみをもった袖もある。下衣は男性がズボン、女性はスカートの差があったと思われる。袈裟衣は巫女の服装であり、女性用の衣服であった可能性がある。「倭人伝」にならっていえば、男性は貫頭衣、女性は袈裟（横幅）衣ということになる。「倭人伝」は衣服について男女を取り違えて記述しているといえる。

# 格差をあらわすアクセサリー

## 権力者の首飾り

倭《わ》の五王の時代を過ぎた六世紀前半、中国南朝の梁《りょう》で各国の大使を描いた『職貢図鑑』がつくられる。このなかに倭国使があるが、縫い合わせのない布を横幅に巻いた貧相な姿に描かれている。これは実写というよりも、説明が「倭人伝」からとられているように、それからの想像復原図であろう。ところがよくみると首飾りをしている。倭国使が首飾りをしていることは「倭人伝」にないから、倭の特徴ある習俗として語り継がれていたのかもしれない。そこで倭人のアクセサリーをまず首飾りからみることにしよう。

弥生時代の首飾りの代表的な例は碧玉《へきぎょく》製管玉《くだたま》を一連にしたもので、これにワンポイントとしてヒスイ製勾玉《まがたま》をあしらえば、完璧になる。これらの優品は北部九州の遺跡から出土しているから、そこからまずヒスイ製勾玉の威力を探ろう。

福岡市西区の吉武遺跡群では弥生時代中期を中心とした一〇ヵ所以上の墓地が調査され、一二〇〇基あまりの甕棺《かめかん》墓や木棺《もっかん》墓が検出されている。前期末〜中期前半（紀元前二世紀）に焦点を絞れば、墓地は八ヵ所になるが、その内容は越えがたい格差をもっている。なかでも高木墓地と大石墓地が突出する。なにも副葬品をもたないほかの墓地群にあって、両墓地のみに青銅製の武器が集中するのである。しかしながら両墓地をくらべると、区画をもった墓域にゆったりとした空間をもって整然と埋葬される高木墓地は、墓壙《ぼこう》や棺の大きさを含めて、大石墓地を圧倒している。出土の遺物にも装身具の有無という見逃せない格差がある。

高木墓地では計一七基の成人用甕棺墓・木棺墓のうちの一一基になんらかの副葬品もしくは装身具をもっていた。装身具はこのうち七基にみられ、すべてが碧玉製管玉をもち、さらに四基にヒスイ製勾玉、一基に銅釧《どうくしろ》（青銅製腕輪）とガラス製小玉がある。ヒスイ製勾玉は一基で銅釧、ほかの三基で青銅製武器をともなっている。武器に替えて青銅製腕輪を腕にはめ碧玉製管玉にヒスイ製勾玉をあしらった首飾りをした人物は女性であろう（図19）。ことに三号木棺墓にはヒスイ製勾玉一、碧玉製管玉九五とともに、多鈕細文鏡《たちゅうさいもんきょう》一・細形銅矛《ほそがたどうほこ》一・細形銅剣二・細形銅戈《どうか》一という豪華な副葬品をともない、中期前半に出現した首長と考えられ、この墓は地名をとって早良王墓《さわらおうぼ》とよばれている。これらからヒスイ製勾玉をもつ人物はこの首長層一族のなかでも抜きんでた有力者であったろうと思われる。

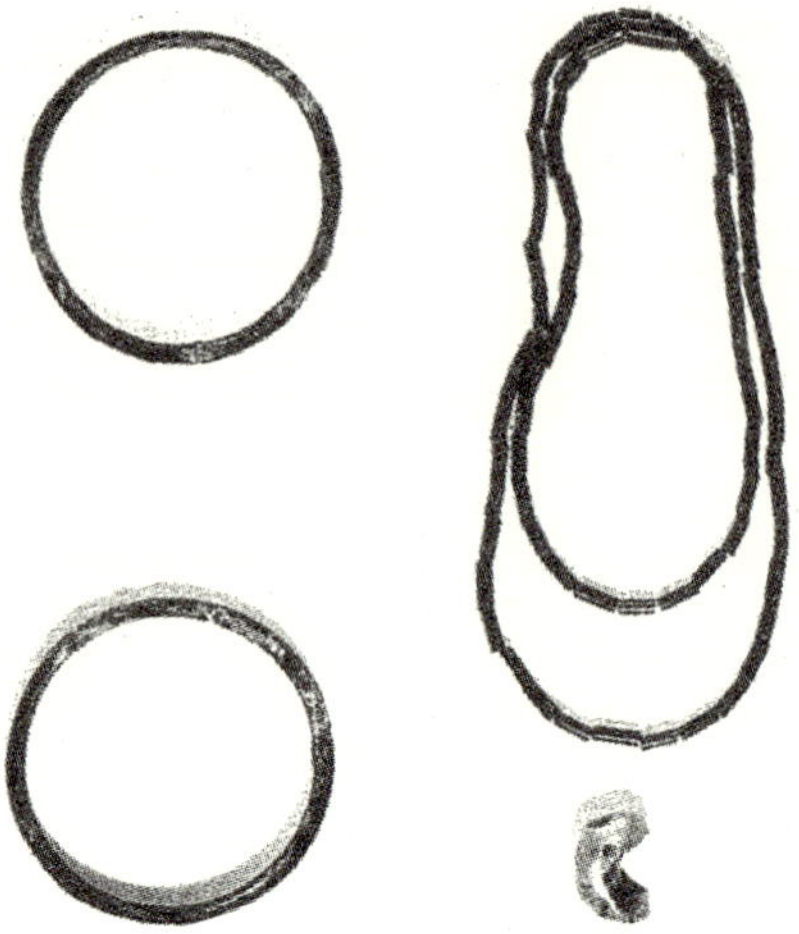

図19　青銅製腕輪とヒスイ製勾玉・碧玉製管玉が一連になる首飾り

大石墓地は一二口もの青銅製武器をもつにもかかわらず、唯一その五一号甕棺墓に細形銅剣とともに半切された碧玉製管玉をもつ例を除いて、装身具を欠く。ところがその後、佐賀県鳥栖《とす》市柚比本村《ゆびほんむら》遺跡の調査で検出された銅剣の朱漆鞘《しゅうるしざや》に、飾りとして半切された管玉があしらわれている例が知られ、大石のそれも首飾りではなく鞘飾りの可能性を強めている。つまり大石墓地は装身具を欠いている。

**首飾りを権威づける原点**

首飾りは勾玉・管玉ばかりではない。鹿児島県南種子町広田遺跡や山口県豊北町土井ケ浜遺跡などの海辺の遺跡では、ふんだんにある貝殻を素材にした貝玉《かいだま》がつくられる。また吉武高木一一七号甕棺墓や佐賀県大和町東山田一本杉甕棺墓など前期末の甕棺墓からの出土例を初源とするガラス製の小玉もまた首飾りに使用された。長崎県対馬の塔の首遺跡の三号箱式石棺墓の棺内からは小壺に納められていたものを含め七九八六個のガラス製小玉が検出されていて、これを一連にすると一二・八メートルもの長さになる。福岡市宝《ほう》満尾《まんお》遺跡の一五号土壙墓から出土した五四〇個のガラス製小玉は首に三重にまわしていたと推定されている。小玉にはじまるガラス製品の登場は入手の困難なヒスイ製勾玉のガラス化をうながし、中期後半（紀元前一世紀後半）には首飾りや髪飾りなどをガラス化させていくことになる。

ガラス化の対象になった主な装身具の材料はヒスイで、弥生時代の首飾りに一連になる碧玉製管玉に、ワンポイントとしてあしらわれる。ことに北部九州からは長さ五㌢にもなる緑に輝くヒスイ製勾玉が出土するが、成分分析の結果、新潟県糸魚川市から富山県朝日町の宮崎海岸にかけて分布する糸魚川産ヒスイを原材料にしていることが知られている（藁科哲男・東村武信「ヒスイの産地分析」『富山市考古資料館紀要』六、一九八七年）。現在もそうであるように、その入手は相当に困難だったらしく、そのことと深い透明感のある緑色が人を魅惑する。

吉武遺跡群と同じ早良《さわら》平野の弥生時代中期墓地では小地域（ムラ）の首長墓とみられる野方久保遺跡と有田遺跡からそれぞれヒスイ製勾玉が青銅製武器とともに出土している。視点を変えると、はるか北陸の糸魚川周辺からもたらされた入手困難なヒスイの勾玉は一般の人が自由にできるようなものではなく、それが出土状況に反映されている。ヒスイ製勾玉は装身の道具であるばかりでなく、権力の所在を教えてくれる貴重な考古資料でもある。

変わった例として、銅鏡の破片を用いた大分県宇佐市本丸一五号石蓋《せきがい》土壙《どこう》墓の首飾りがある。面径が一九・二㌢の大きさになる後漢長宜子孫《ちょうぎしそん》四葉座鈕《しようざちゅう》内行花文鏡《ないこうかもんきょう》の平縁部を長さ一〇・五㌢、幅四・五センチほどの弧形にととのえ、首と接触する内側をその曲線に合わせるように削り丁寧に研磨している。鏡片の両端には孔が穿《うが》たれていて、それに結ばれるように碧玉製管玉とヒスイ製勾玉からなる一連の飾りがある。つまりこの銅鏡片再利用首飾りは、両端の穿孔《せんこう》に通した紐《ひも》によって首にかけられ、さらに孔からそれぞれ一連の玉飾りが吊り下げられていたことになる。キラキラとした鏡の反射を考えれば、ふつうの首飾りよりも数段にきらびやかな首飾りであったろう。これと酷似する銅鏡片は京都府福知山市の寺ノ段二号墳にもある。穿孔のある鏡片の用途を考える参考になる。

弥生人がほかのムラやクニを訪ねたときに、彼らはそこのオサが誰であるかを知るのに手間どらなかったに違いない。無地の簡素な衣服の人とは違って、より立派に仕立てられた色彩や文様のある、あるいは特別な織り方の衣服を身に着けた人びとが上層の人であり、なかでもヒスイ製勾玉をあしらった首飾りをした人物がトップなのだから、身分の差はみればわかる簡単さだったと思われる。

まだ資料は不足しているが、弥生人の一部に色彩感覚あふれる高度の技術で織られた衣服を着用する層があったであろうことを推測し、ヒスイ製首飾りが服飾を完成させたであろうことを述べた。そうすると『職貢図鑑』の倭国使の首飾りはヒスイ製の勾玉をワンポイントにした一連の碧玉製管玉であった可能性が高かろう。

## 司祭者の腕飾り

弥生人は貝や木（漆塗り）・青銅・鉄・ガラスなどを素材とする腕飾り（図20）を着けたが、これもまた誰もが着けることのできるアクセサリーではなく、司祭者の身分および職掌を明示すると考えられている。それを端的にあらわすのが南海産巻貝製腕輪で、オオツタノハ・ゴホウラ・イモガイの三種があるが、職掌を示すのは後二者である。ゴホウラ・イモガイにたいする北部九州の要求はかなり強かったらしく、浦添市嘉門《かじょう》貝塚、伊

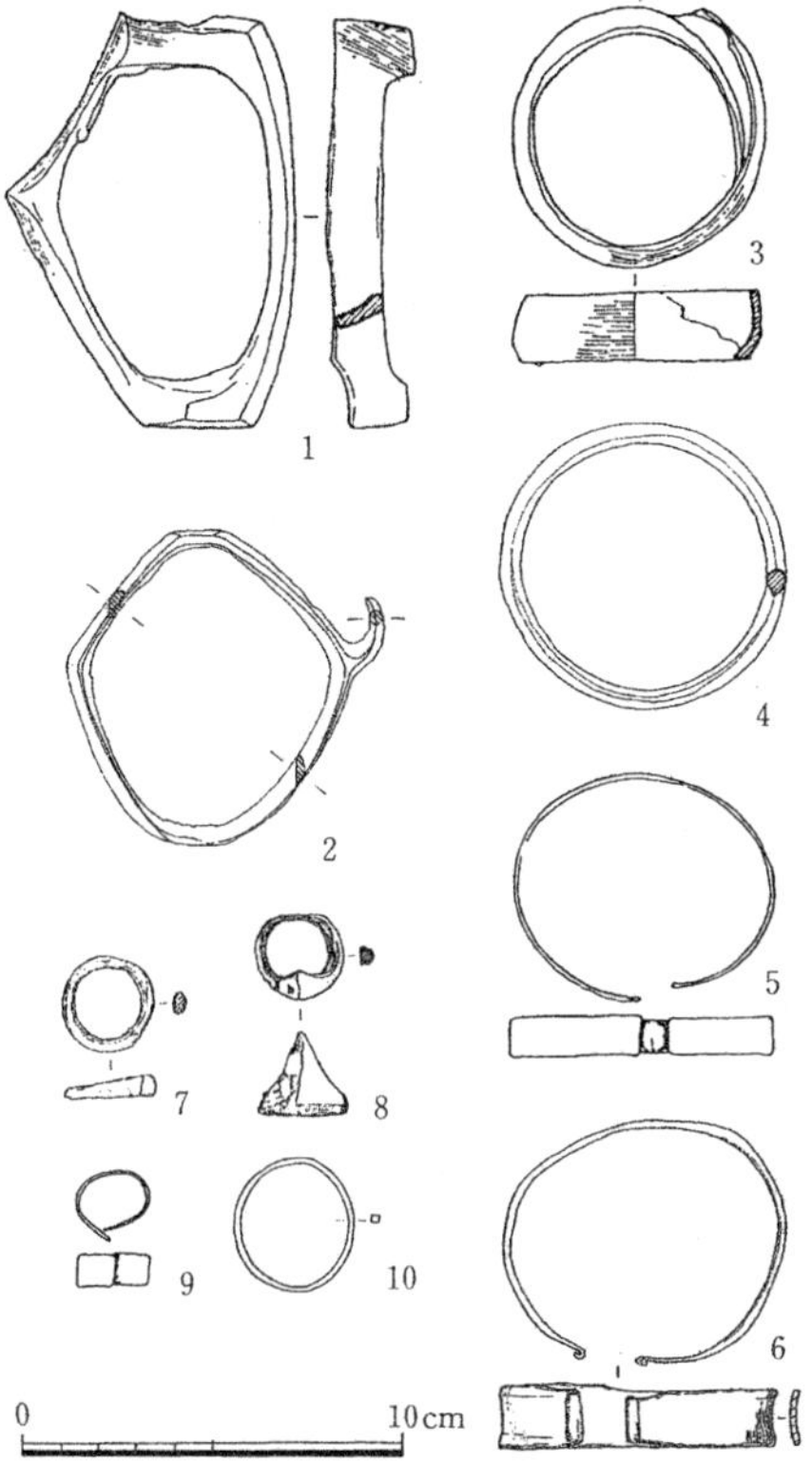


図20　さまざまな腕輪と指輪
（1・3・7・8…貝製　2・4・5・9…青銅製　6…鉄製　10…銀製）
1・3：福岡県飯塚市立岩堀田　2：佐賀県唐津市桜馬場　4：長崎県豊玉町キロス浜　5・9：静岡市登呂　6：佐賀県東脊振村三津永田　7・8：山口県豊北町土井ヶ浜　10：佐賀県大和町惣座

江村具志原貝塚や慶良間《けらま》列島の古座間見《こざまみ》貝塚など沖縄県の各地の遺跡で、ゴホウラやイモガイの貝殻を一組分集積した遺構が検出されていて、注文に即応できる体制が整っていたことをうかがわせている。

ゴホウラは沖縄以南の海底深くに棲息《せいそく》する入手の困難な大形の巻貝で、縦切りにするから一つの貝から一個しか腕輪をつくれず、その貴重性は高い。北部九州の甕棺墓地帯の弥生人は前期末の佐賀県呼子《よぶこ》町大友遺跡や福岡市金隈《かねのくま》遺跡に姿をあらわして以来、このゴホウラを腕飾りに採用する。しかも男性に限って使用し、最多を数える福岡県筑紫野市隈西小田《くまにしおだ》一三号地点二三号甕棺墓出土例の場合には右腕に二一個、左腕に二〇個、計四一個も着けていた。この場合は左右がほぼ同数になるが、人骨の遺存から装着の腕が確認できるほとんどの例は右腕に集中している。大分県日田市吹上遺跡例のような日常的に着脱可能と思われる超大形のものもあるが、多くは幼時に装着している。しかもゴホウラ装着者は限られた存在で、ヒスイ製勾玉などの際立った装身をし副葬を受ける政治的統率者（首長層）とは異なった性格をもっている。幼時に選別され、およそ労働に不向きなアクセサリーを利き腕の右手に着けた男性は、労働しなくてもよい立場にいると推測できる。それでいて政治的統率者でないとすれば、祭祀的統率者（司祭者）がふさわしい。

もう一方のイモガイも南海に棲息する巻貝で、こちらは輪切り（横切型）にして、女性が装着する。確認できる例をみると、二枚貝製腕輪を着けた縄文人と同様に、左右に同数を装着する傾向にある。この点が男性用のゴホウラ製との違いであるが、使用の実態においては相違がなく、同様に司祭者の職掌をあらわしている。

以上のように南海産巻貝製腕輪の性格を論じたが、じつのところ、着脱できないはずの腕輪に顕著なスレが認められないという問題点がある。日田市吹上の着脱可能の事例と考え合わせると、死装束としての没後の装着を考える必要もあろう。その場合は遺体の筋を切って着けたと思われるが、それにしても生前の職掌と無縁であるとは考えがたい。

### 東西の青銅製腕輪

腕輪には南海産巻貝製のほかに青銅製もあるが、性格は相違している。佐賀県唐津市宇木《うき》汲田《くんでん》遺跡や福岡市吉武高木遺跡など前期末〜中期前半の遺跡にみられ、円環形の形態やほかの青銅製品との関連から朝鮮半島でつくられた青銅製品、もしくはそこに系譜をもつことがわかる。少なくとも初期の青銅製腕輪は、南海産巻貝製腕輪と異なって、ヒスイ製勾玉・碧玉製管玉とともに出土した吉武高木一一〇号甕棺墓の例のように、副葬品と共存する。このことからアクセサリーそのものであるように思わる。

弥生時代も後期になると南海産巻貝製腕輪が急速に減少し、それに替わるように青銅製腕輪の鋳造がはじまる。しかし初期の例と異なって、ゴホウラ腕輪を模した唐津市桜馬場甕棺墓例やイモガイ縦切型腕輪を模した佐賀県唐津市千々賀《ちちか》庚申山《こうしんやま》遺跡例のように、ゴホウラ・イモガイの特徴をよくあらわすようになる。朝鮮半島的な円環型の場合でもその断面に図20の4のようにゴホウラ製腕輪の特徴が反映している。こうした点から、形態を模すばかりでなく南海産巻貝製腕輪のもつ司祭者の職掌表示の属性も継承されたと思われるが、着装の状態を示す良好な資料に恵まれないこともあって、まだわかっていない。

青銅製腕輪は東日本にもある。長野県佐久市上直路《かみすぐじ》遺跡の土壙墓に葬られていた首長級と思われる人物は両腕に計一五個も着けていた。この例は古式の円環型に似た形状をしているが、東日本の青銅製腕輪の多くは細長い薄板を輪状に曲げている。5の静岡市登呂遺跡の腕輪の一例は幅一センチ、厚さ一ミリの薄板を巻いていて、両端の合わせ目の部分に孔が穿たれている。千葉県市原市根田遺跡の腕輪は人骨が遺存していて着装のわかる例だが、直径は五・五〜五・八センチとやや違いがあるが、幅は一センチ、厚さも一ミリで登呂例と一致している。鋳造製品ではなく、青銅の薄い延べ板を加工しているが、どのような青銅製品を素材にしたのか、どこから入手したのかを知りたいものである。

この形の腕輪には鉄製もあり、数としてはこちらのほうが多いように思える。西日本では6が佐賀県東脊《ひがしせ》振村《ふりむら》三《み》津《つ》永田《ながた》遺跡から六個出土しているが、合わせ目になる両端を軽く外側に折り曲げ、肌を傷つけない工夫がみられる。

**東日本に特徴的な指輪**

腕輪とともに東日本の人びとが身に着けた装身具に青銅製指輪がある。神奈川県横浜市三殿台《さんとのだい》遺跡の指輪をみると登呂の腕輪を小形にしたまったく同じ形態をしているし、登呂遺跡の指輪には9のように幅一センチ、厚さ一ミリと先ほどの腕輪と同じような素材を使っている例もある。埼玉県和光市吹上遺跡の例はさらに幅広になっている。合わせ目はわずかに開くものが多いが、逆に重なっているものもある。この種の青銅製指輪は東海地方以北に分布し、すでに七〇例を超えていると思われる。

もっとも指輪が西日本にまったくないわけではない。むしろ古期の例は西日本にあり、前期の山口県豊北町土井ケ浜遺跡には8のイモガイの殻頂部近くを利用して指冠部をつけた今でも使えそうな貝製指輪があり、具志川市宇堅貝塚など沖縄県にも同じような貝製指輪がある。前期の兵庫県神戸市新方遺跡からは鹿角《ろっかく》製指輪が出土している。指冠部を山形につくりなかをくりぬいている。実際に人さし指・中指・薬指に、二個一対にして計六個が着けられていた。二個を合わせると指冠が菱形になり、上下に孔の空いたデザインで、現代にも通じる。ほかに佐賀県大和町惣座遺跡から円環型青銅製腕輪を小さくしたような銀製指輪（図20―10）が三個出土している。

それにしても青銅の薄板を輪状に巻いてつくる腕輪や指輪、同じような形をした鉄製腕輪は東日本に特徴的な装身具で、ことに鉄製の装身具はほかにあまり例を聞かない。

一つの民族もしくは部族のなかに政治的統率者と祭祀的統率者の二様の統率者のいる例は、『魏志』「韓伝」の王と天君、古代日本の天皇と斎王のように各地でみられる。天君の例は後に弥生人の精神生活を述べるときに紹介するが、ほかにも琉球の国王と聞得大君《きこえおおぎみ》（佐喜真興英『女人政治考』一九二六年）のように中世以降近世近代まで遺風が残っていた例もある。

## 政治的と祭祀的の二様の統率者

中国西南部に住む少数民族の、先に筒袖付《つつそでつ》き貫頭衣《かんとうい》風の衣服を着るとして紹介した、佤族《ワ》の例を申旭・劉維の報告（『中国西南与東南亜的跨境民族』一九八八年）などを参考に紹介しておこう。雲南省南部の西盟・滄源の佤族自治県に住む佤族は解放前まで、それぞれの村に「窩郎《かろう》」「頭人《とうじん》」とよばれる政治的統率者と、「魔巴《まは》」とよばれる祭祀的統率者がいた。窩郎と頭人の違いは、窩郎が世襲されるより大きな権力をもつのにたいして、頭人は富裕な階層から選ばれる点にある。魔巴は日常はふつうに生活している。タイの佤族には「大魔頭」とよばれる頭人と魔巴の両権を兼ねるようになった統率者もいて、政教一致を思わせる。

弥生人の社会に「韓伝」の王と天君と同じように二様の統率者が存在したことはむしろ自然で、ヒスイ製勾玉と南海産巻貝製腕輪が政治的統率者と祭祀的統率者の両様の性格を示すと考えている。

### 髪を飾る櫛・簪とヘアバンド

ヒスイ製勾玉をあしらった首飾りは上層の人びとの服飾を完成させたが、髪飾りは多くの人びとに使われたと思われる。首飾りについて触れない「倭人伝」は、男性は「皆露紒《ろかい》し、木緜《もめん》を以《もっ》て頭に招《か》け」ていたという。これは束ねた髪を鉢巻き風の布でまとめていたということであろうが、『職貢図鑑』の倭国使も頭巾《ずきん》様のもので頭をおおっている。婦人は「被髪屈紒《くっかい》」していたというから潰し島田風の髪型だったということになる。

これを証明する資料も増えてきている。吉野ケ里遺跡の後期初頭（紀元一世紀前半）の甕棺墓から検出された成人男性の人骨には頭髪の一部が残っていて、櫛《くし》で梳《す》いたように整い、紐で結わえられていた。これが露紒であろう。髪を梳くための櫛は、木を素材にしたものが多く、二〇本ほどの歯を横に並べて頭部を縛り、漆《うるし》で固めて仕上げている。三重県津市納所《のうそ》遺跡の前期の櫛はこの例で、二〇本の竹製の歯の頭部を朱漆で固めた竪櫛である。長野市松原遺跡の木製朱漆塗竪櫛はより簡素につくられている。こうした櫛が髪を梳くために使われたのであろう。もちろん朱漆塗りで仕上げているようにそのまま髪飾りに使うこともできる。ところが島根県松江市タテチョウ遺跡出土の前期の櫛は、六本に復原できる歯をまとめた頭部の緊縛用の糸が三ヵ所にまとめられ、その間を埋める赤と黒の漆の三角形文と合わせて、まさに髪飾りになっている。後期の滋賀県守山市服部遺跡の例も結束部の上にC字を背中合わせにして丸みをもったX字状にしたデザインの飾りがついていて、これもまた髪飾り用の櫛と思われる。

髪飾りには櫛ばかりでなく簪《かんざし》もみられる。というよりもこちらが髪飾り専用のアクセサリーである。大阪府高槻市安満《あま》遺跡から出土した木製朱漆塗りの二股の簪が著名だが、簪らしく頭部の装飾もこまやかに細工されている。大阪府東大阪市瓜生《うりゅう》堂《どう》遺跡の鹿角製簪の頭部にも細かな彫刻がほどこされていて、髪飾りにふさわしい。

これらの髪飾り用櫛や簪は潰し島田風に被髪屈紒された女性の頭髪を飾ったものだろう。男性の頭は束ねた髪をヘアバンド風・鉢巻き風に布で巻いていたというがこれは考古資料としては残りにくい。被葬者が女性だからここでの説明には適切でないが、福岡県飯塚市立岩堀田二八号甕棺墓から出土した五五三点におよぶガラス製管玉は、出土の状態から藤田等《ひとし》によって両端に垂飾りをともなうヘアバンド風の髪飾りに復原されている（『立岩遺跡』一九七七年）。吉野ケ里北墳丘墓一〇〇二号甕棺墓の同鋳式有柄銅剣にともなうガラス製管玉は長さに長短があるが、規則性がみられ、同様にヘアバンド風の髪飾りになる可能性がある。性別不明だが、銅剣の存在から男性とみられ、ガラス製ヘアバンドになるかもしれない。

## 耳飾りの不在

ところで弥生時代の遺跡からは耳飾りが出土しておらず、弥生人は耳飾りを着けなかったらしい。耳栓《じせん》や玦状《けつじょう》耳飾りで耳を飾る縄文人や、きらびやかな垂《すい》飾《しょく》付耳飾りや耳環《じかん》を付ける古墳人にくらべて、耳飾りを使わない弥生人の装身は注目すべき特徴といえる。ただ、縄文人と古墳人が耳飾りをするといっても、耳たぶに孔を開けるピアス式の縄文人と、耳たぶを挟むイヤリング方式の古墳人とでは大いに相違する。

縄文人の耳飾りは、埼玉県鴻巣市滝馬室《たきまむろ》遺跡のみみずく土偶とよばれる土偶などで知られるように、耳たぶにピアス式に孔をあけて装着している。西南中国の苗《ミャオ》族の村を訪ねると、耳たぶに直径一センチ以上の孔をあけた婦人に出会う。なかには縄文時代の耳栓と同じ構造の耳飾りを着けている人や、孔がふさがらないように木栓をしている人もいる。縄文時代に渦巻き文の耳栓があるが、これと酷似した文様の銀製の耳栓をした苗族婦人をみたこともある（図21）。こうしたピアス式耳飾りは東南アジアにかけて多く知られている。そこでわかるのは南方の人びとは皆が福耳とよばれる大きな耳たぶをもっていることで、この耳たぶだからこそ耳栓用の孔をあけることも、その装着も、可能になる。ところが北方系の人の耳たぶは細く切れ上がっていて、今のピアスならばともかく、耳栓用の孔を確保できない。復顔された縄文人は南方系の特徴をもっており、弥生人は小さな耳たぶの北方系の顔立ちをしている。弥生人が耳栓や玦状耳飾りなどをしないことは耳たぶの小ささを意味する。耳たぶを挟むイヤリング方式を導入した古墳人の知恵がでるまで、人びとは耳を飾ることができなかったのである。

先に出土しないとしたが、愛知県安城市亀塚遺跡の土器に描かれた顔の耳にはピアス式の耳飾りがあり（図22―2）、最近吉野ケ里遺跡の中期前半の竪穴住居から検出された二個の小形青銅製環状製品は円形の一部が切れていて、古墳時代の耳環に似たイヤリング式の耳飾りと思われる。二個あるから一対として用いられたのかもしれない。そうであったとしても、弥生時代の耳飾りはないに等しいが、耳たぶの形状の違いにあらわれた人の系譜の相違など、不在であることに大

図21　ピアス式耳飾りをした苗族の婦人

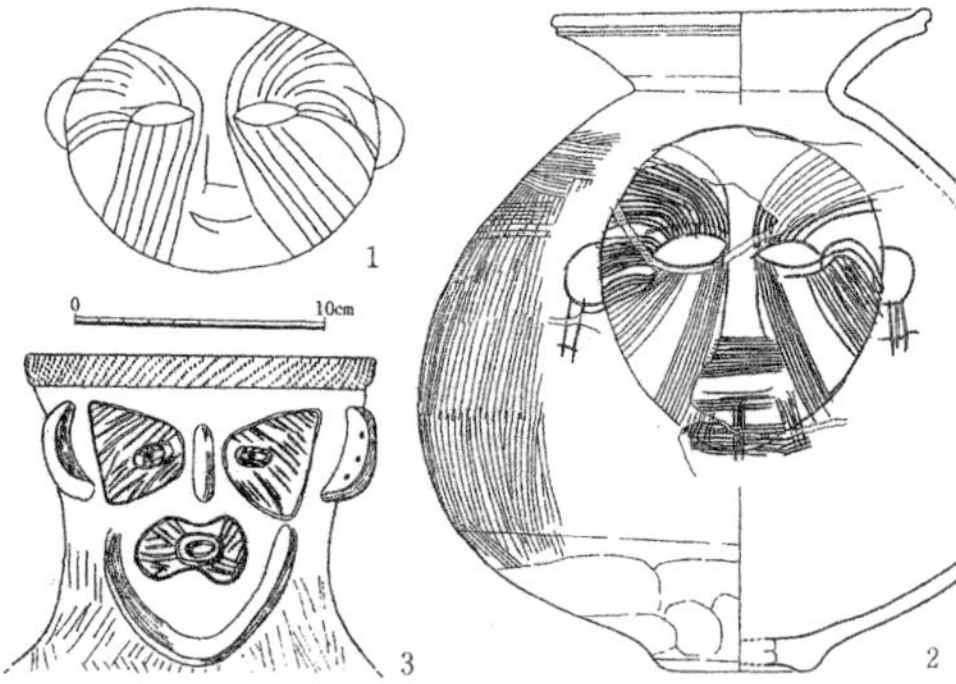


図22　入れ墨をした弥生人
1：香川県善通寺市仙遊　2：愛知県安城市亀塚
3：茨城県下館市女方

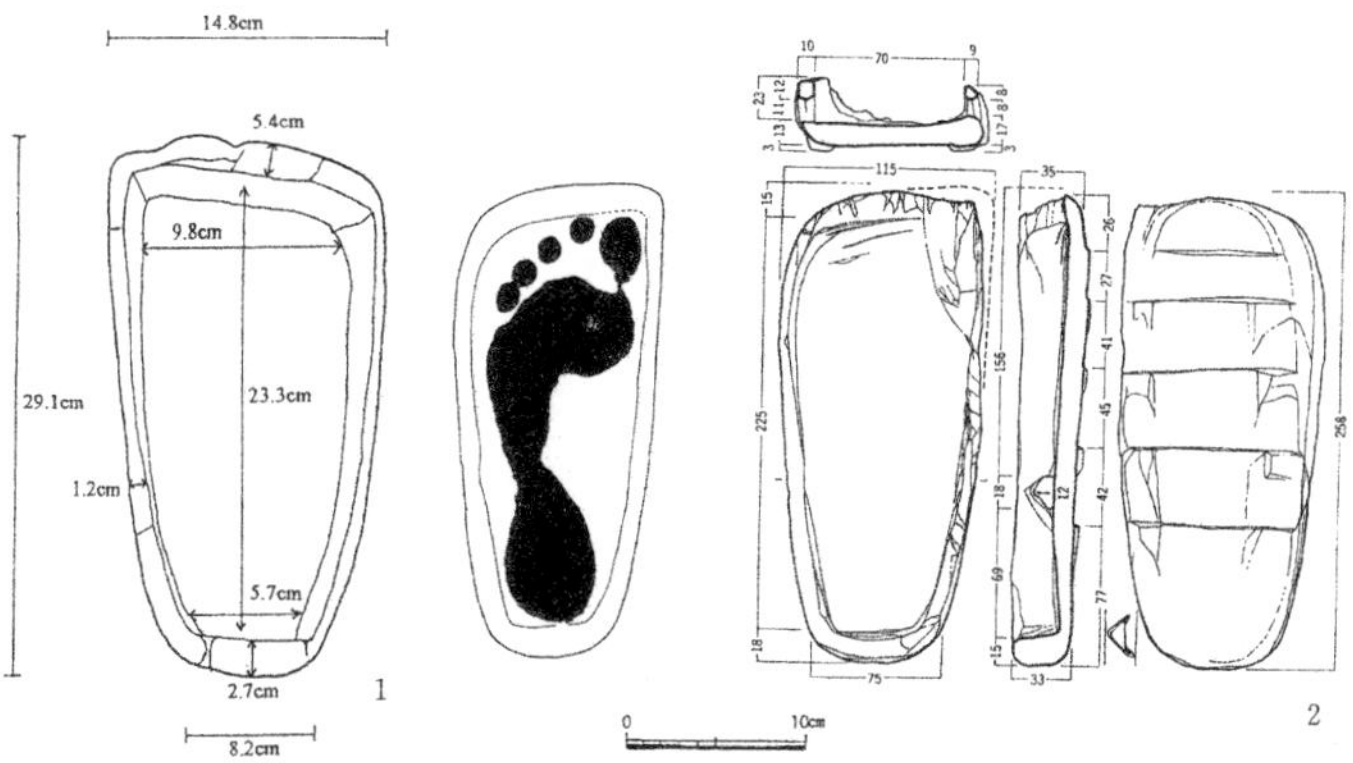


図23　弥生人にはかれた履

1：佐賀県神埼町吉野ヶ里　2：福岡市那珂久平

きな意義が示されている。

## 足元の飾り

吉野ケ里遺跡などでは木製の履《くつ》が知られていて、『後漢書』や「倭人伝」がいうようにふつうには徒跣《とせん》（裸足《はだし》）だったのだろうが、履をはく層がいたこと、あるいははく場合のあったことを示している。吉野ケ里遺跡の履は底板のみでこれに足をのせて縛っていたのだろうが、古墳時代前期の福岡市那珂久平《なかきゆうひら》遺跡の例では吉野ケ里例と同じ形の底板から周囲が立ち上がり木履《きぐつ》であることが一目瞭然でわかる（図23）。側面の孔に紐を通して縛っている。弥生時代にも那珂久平型の履があったと考えていてよかろう。

足元といえば長崎県五島の宇久町松原遺跡二号支石墓の被葬者は右足首に一連の貝製臼玉《うすだま》を着けていた。これが足飾りなのか、装身具というよりも魂の離脱を防ぐために手首・足首を縛った古墳時代の手玉・足玉と同様の性格をもつ（玉城一枝「足玉考」『考古学と生活文化』一九九二年）のか、興味がもたれる。

弥生人の装身はこればかりでなく、ほかに青銅や貝でつくった指輪、細かな彫刻がほどこされた南島の貝符・貝札などもある。権威のシンボルとしての銅鏡、静岡県伊場遺跡で出土して以来類例を増している木製短甲《たんこう》、玉杖《ぎょくじょう》に連なる可能性をもつ大阪府八尾市亀井遺跡の鹿角製杖頭なども広義の装身具にはいるかもしれない。

**装身としての黥面文身**

装身には身に着けるものばかりでなく、化粧や入れ墨などの肉体そのものに加えられる装飾もある。皮膚は残らないから確認が難しいが、さいわい弥生人が描いた絵や手づくりの造形物がその存在を伝えてくれている。

設楽博己によれば、輪郭と髭《ひげ》の組合せから、弥生人の入れ墨は備讃型・伊勢湾型・関東型に分けられるという（「線刻人面土器とその周辺」『国立歴史民俗博物館研究報告』二五、一九九〇年、図22）。

備讃型は、1の香川県善通寺市仙遊《せんゆう》遺跡の箱式石棺墓の蓋や岡山市鹿田遺跡の高杯《たかつき》に描かれるように、輪郭はあるが髭がないグループである。仙遊例をみると、耳上・額から頬にかけて目をポイントとするようにC字状に半円形の線が引かれ、左右対称になっている。目尻から耳の下にかけての線もある。同じように顔にほどこされた文様は山口県下関市綾羅木郷《あやらぎごう》遺跡の「こけし」

のような人面付き土製品、福岡県前原市上鑵子《じょうかんす》遺跡の木板などにある。綾羅木郷例は彫りが深く、入れ墨であることがはっきりとわかる。上鑵子例はC字状の線がクマドリ状に表現されている。こうした広がりをみると、備讃型というよりももっと大きな地域概念が必要になっている。

伊勢湾型は、輪郭に加えて顎に髭があるもので、丸顔で大きな目をもち髭面をした顔を描く、愛知県安城市亀塚遺跡出土の2に典型がみられる。目には目玉がなく、耳・鼻・口の表現も粗く描くが、弥生人の雰囲気をよく伝えている。髭の生えない額から頬にかけて弧状に数条の曲線が引かれているが、この特徴は備讃型に通じている。同様の入れ墨の表現は同じ安城市根崎遺跡の人面球形土製品や、愛知県清洲町廻間《めぐるま》遺跡の壺、静岡市栗原遺跡の壺などにみられ、東海地方の地方色を示している。

関東型はC字状の輪郭がないものの髭がある例で、3の茨城県下館市女方《おざかた》遺跡や茨城県那珂町海後遺跡の人面付き土器をみると、壺の口縁端を額に見立て、U字形に粘土を貼りつけて顔の輪郭をあらわし、目・鼻・口・耳も粘土で高くつくるなど、顔を立体的に表現している。目や口のまわりに入れ墨を刻線や刺突《しとつ》点であらわしているが、備讃型や伊勢湾型とは施文が共通しない。

設楽が備讃型と伊勢湾型に分類したグループは、額から頬にかけて左右の目を通るように引かれたC字状の輪郭という共通項をもっているが、二つには中期にはじまる備讃型と弥生時代終末期の伊勢湾型という大きな時期差がある。それを重視しての分類だが、備讃型にも後期の上鑵子例があるように共通項をみすごしにはできず、ここでは西日本型入れ墨として一括りにしておく。『魏志』「倭人伝」によれば弥生人は「男子は大小となく、皆黥面文身《げいめんぶんしん》す」とある。黥とは顔にする入れ墨であり、文は身体にほどこすものだが、それについて本来は水人（漁師）が鮫《さめ》のような大きな魚や水禽《すいきん》の害を避けるためであったが、しだいに装飾となり、国や尊卑によって違いが生じてきたと由来が説明されている。男子が入れ墨をすると書かれているから、女性はしないのかもしれない。たしかに入れ墨のない顔の表現もある。島根県松江市西川津遺跡から出土した人面付き土器には顔が立体的に表現されているが、入れ墨をしていない。前期の例だが、細い目と小さな耳たぶという、北方系の顔立ちがよくあらわれている。綾羅木郷例と似た形状の岡山市百間川兼基《ひゃっけんがわかねもと》遺跡の「こけし」状土製品は、鼻を盛り上げているほかは平面的で、眉・目・鼻の穴・口・耳の穴をくぼませて顔を表現しているが、入れ墨はしていない。千葉県市原市三島台遺跡の人面付き土器の顔は、鼻や耳を隆起してつくり、目や口をくぼませるなど立体的に表現されている。帽子状のものを被り、胴に手をつけていて、愛敬《あいきょう》のある形をしている。全面に朱が塗られている。神奈川県横須賀市ひる畑遺跡の人面付き土器も入れ墨がなく、同様に全面に朱が塗られている。京都府向日市森本遺跡の壺胴部に表現された人面は、眉と鼻を粘土で盛り上げ、細い目をくりぬいていて仮面を思わせるが、これにも入れ墨はない。関東型にも神奈川県横浜市上台遺跡の人面付き土器のように入れ墨のない例がある。三島台やひる畑の人物の表情はおだやかで女性のようにみえるから、朱を塗るのは化粧の表現かもしれない。

弥生時代の画像・造形資料をみると入れ墨には有無があり、「倭人伝」が指摘するように、女性にはしないのかもしれない。そうしたなかにあって、鼻の両側の額から頰にかけて数条の半円弧状の曲線を彫り込む西日本型と目や口のまわりに刻線や刺突点であらわす関東型の入れ墨の差は、地域色として重視できる。

### 弥生人の装身の意義

衣服・首飾り・腕飾り・髪飾りそれに身体加工などに例をとって装身の実際をみてみたように、弥生人の装身感覚には奥深いものがあるが、それは万人のものでなかった。衣服は、縫製や織物の種類、色彩などによって、それを着用する人びとの身分を明示する。ヒスイ製勾玉を主とする首飾りも同様で、権力の所在を示す道具となる。司祭者は腕飾りでその職掌を示す。髪飾りは資料そのものは権力との関係を明瞭にはあらわさず、「倭人伝」に一般的な扱いで記載されるなどふつうの装身であろうが、それが服飾の完成を意味することを考えればこれもまた身分差によって装身に差があったろう。

古代社会において、権力者は頭から爪先まで際立った衣服と装身具で一般の人びとに隔絶した存在であることを熟知させ、権力者相互においても格差を認識させたが、その意識の嚆矢《こうし》は弥生時代にある。きらびやかな衣服や装身具は権力の所在をうかがわせる重要な考古資料といえよう。

# ご飯のある食卓

# 食生活をうかがわせる資史料

新しいムラで、新しい装いで、新たな生活をおくるようになった弥生人は食生活の面でもご飯を食べる、あるいは食べたいと願う生活へと飛翔《ひしょう》する。

## 素材から献立まで

最近の考古学は食の風景を考えさせる資料を増やし、各時代の食生活を考えられるようになってきている。たとえば、縄文クッキーのようなすっかり有名になった加工食の実物資料に加えて、鹿児島市加栗山《かくりやま》遺跡や国分市上野原遺跡などの南九州の縄文時代草創期〜早期前半の遺跡にみられる連穴土坑が、床面から脂肪酸分析によって検出された脂肪がイノシシのものだったことなどから、イノシシなどの獣肉を薫製にする施設である可能性を高めている。また、各地の縄文遺跡で知られる、叩き石・擦《す》り石が堅果類を粉にする道具であると考えられ、焼けた石塊の集積（集石遺構）が今でもポリネシアなどで行われている蒸し焼き料理の跡であると推測されるなど、料理法も明らかにされつつある。

時代が降った奈良時代になると、遺跡からの情報はいっそう密度が高く、長屋王邸などで検出された食材の品目を記す木簡や墨書土器のような文字資料ばかりでなく、さまざまの考古資料がある。それらから食生活を復原する手がかりとして、穀類・蔬菜類・獣類から調味料におよぶ食料素材、主食・副食から補食にいたる食品の加工調理、食膳用具・調理用具はもとより貯蔵用具から薪炭《しんたん》までを網羅した厨房《ちゅうぼう》器具、さらには薬や糊《のり》などの食品の食料以外の用途におよぶ食生活の記録がある。それらは関根真隆によって整理されている（『奈良朝食生活の研究』一九六九年）が、平城宮跡の長屋王木簡をはじめとする食生活の実態を知る貴重な考古資料を分析する際に欠くことができない。

**献立の復原**　考古資料・文献史料によって調理法から食卓の献立までも復原できる奈良時代に比較すると、まだ弥生時代は食料素材の問題や水稲耕作の意義など食をめぐる環境が論議されている段階だが、それでも鹿児島県の指宿《いぶすき》市考古博物館（COCCOはしむれ）や神奈川県の川崎市市民ミュージアム、大阪府立弥生文化博物館など各地の博物館で弥生人の食卓が復原されている。

指宿市考古博物館は一つのテーブルを挟んで座る縄文人と弥生人がおたがいの食卓をくらべあう形で展示していて、それ自体面白い（図24）。縄文食は海の幸（アサリ・ハマグリ・カツオ）と

図24　縄文人と弥生人の食卓

山の幸（タラノミ・シイタケ・アカザ）を煮込んだ具だくさんスープ、タイの石焼き、ドングリ団子の三品にシカ肉のヒレステーキ・イノシシ焼肉古代風・ヤマイモ姿焼き・山の果物の盛り合わせがつき、みていても美味しそうに感じる。弥生食は図の右上はいわばお櫃《ひつ》にあたるものだから除くと、赤米ご飯、アサリ・イイダコと季節のもののうま煮、アユの姿焼き・ダイコンの味付煮・炒《い》りダイズの盛り合わせに、鹿児島らしく口かみ酒がついている。これを縄文人と弥生人が食べくらべているのだが、テーブルには椅子がもう一脚用意されていて、見学者も参加できるところがうれしい。じつはどうみても縄文食のほうが美味しそうで、館員の頭を悩ませている。復原食の一部が館内の喫茶室で食べられるのも楽しい。

川崎市市民ミュージアムでは日常の日（ケ）と祭りの日（ハレ）の食卓の比較を試みている（図25）。ケの食卓は南関東の初夏に設定されていて、アワを三〇％まじえた赤米の粥《かゆ》を高杯《たかつき》に盛り、手前の方形の皿にアユの薫製・干し蛤《はまぐり》・ワラビの煮付け・ウリ、右端の高杯にモモ・キイチゴ・ドングリ団子がそれぞれ盛り合わされている。赤米・アユ・ドングリ団子などは共通し、指宿市考古博物館で欠けていた生菜《せいさい》がある。一年にあまりないハレの食卓は、関西の秋を設定して復原されている。赤米のご飯に、右列の手前の方形皿にタイの塩焼き・イイダコの煮付け・干し鰒《あわび》、高杯に煮豆（ダイズ・アズキ）・シバグリ・カキ・ヤマブドウが盛り合わされ、後の台付鉢にはイノシシの蒸し焼肉、そして酒が添えられている。やや季節にそぐわない食材があると反省されているが、さすがに浮き立つような祭りの日らしい豪華な内容になっている。

図25　ケの食卓（上）とハレ（下）の食卓

　大阪府立弥生文化博物館では時の最高権力者である卑弥呼《ひみこ》の食卓が再現されている（図26）。まず黒漆塗りの木製高杯に玄米とタケノコ・ゼンマイの炊き込

図26　卑弥呼の食卓

みご飯が盛られる。やはり黒漆塗りされた方形膳には、タイの塩焼きにフキノトウが添えられ、その左にサトイモ・タケノコ・ブタ肉の合わせ煮、手前にはハマグリとイイダコのワカメ汁に木の芽和《あ》えがつき、さらにアワビの焼き物がのせられている。方形膳の手前にも食物を盛ったザルがあるが、右にはショウサイフグの一夜干しと炒りエゴマ風味キビモチ、左にはアワ団子のシソの実和えと茹《ゆ》でワラビが盛られている。前二館の食卓は中期だが、これは弥生時代末期もしくは古墳時代にはいっている時期になり、食する者の地位的にも時期的にも弥生グルメの復原は頂点に達した感がある。

　これらの復原された弥生人の食卓は出土した食材資料から推定されたものだが、弥生時代の食卓と高級官人・下級官人・庶民の食事内容を復原できる奈良時代のそれでは内容に落差がある。その落差が弥生人の食卓を貧しくしかねないが、じつは弥生人の食卓は、ケの場合であっても、奈良時代の庶民の食卓にくらべて断然豊かになっている。生活の背後にある身分の格差とその強弱が食卓の内容に色濃く反映しているわけで、現在の私たちを除けば、弥生人はかなりグルメな食生活を享受していたということであろう。

それでは実際には弥生人は何を食べていたのだろうか。まず、弥生的な食文化を示す最古の遺跡のひとつである佐賀県唐津市菜畑遺跡から出土した、植物質・動物質の多種多様な食材をみておこう。

**菜畑の食材**

植物質の食材には、穀類のコメ・オオムギ・アワ・ソバ・アズキをはじめ、シソ・ゴボウ・メロン・マクワウリ・ヒョウタン・マタタビ・イヌザンショウ・ヤマグワ・ヤマイモなどがある。菜畑遺跡のコメは水田耕作の産物である可能性が強く、このムラで生活した縄文人は日本列島に暮らしていた人びとのなかでもっとも早く弥生文化を享受し、コメを主食として食べた最初の日本人ということになる。

動物質食材はさらに多様で、哺乳類ではイノシシ・シカ・ウシ・ノウサギ・ムササビ・イヌ・タヌキ・テン・アナグマ・イルカ・ニッポンアシカなどがある。イノシシは家畜化したブタともいわれている。イヌは番犬や狩猟の役にも立っただろうが、手近な食材であって、長崎県壱岐《いき》島の原の辻遺跡からは五〇体以上のイヌの骨が出土しているが、埋葬されたのではなく、捨てられたものと考えられる。骨についた傷からみて四肢を切り離すなどして解体し、表面が白っぽく柔らかくなっていることを考え合わせると、煮炊きして食べている（茂原信生・松井章「原の辻遺跡出土の動物遺存体」『原の辻遺跡』一九九五年）。魚類にはマイワシ・ボラ・マグロ・カツオ・マサバ・マアジ・ブリ・スズキ・クロダイ・マダイ・ベラ・ハゼ・コチ・ヒラメ・カレイ・マフグの骨が検出されており、貝類もサザエ・スガイ・ヤマトシジミ・チョウセンハマグリなど二九種がみられる。ほかにウニやカニ、そしてカエルなどももちろん食べている。菜畑遺跡で出土した植物質・動物質の食材のほとんどは今でも唐津地方で栽培・採集・捕獲できるもので、要するに手にはいるものは何でも食べていたということになる。

これらの食材が今でも唐津の地元で手に入るということは、その多くは縄文人にも食されていたということでもある。そして菜畑ムラのようなごく一部を除いて、縄文人の口に入ることのなかった食材の代表にコメがある。つまりコメを主食にする、もしくはそれに憧れる食生活こそが、弥生食をイメージづけるといってよかろう。とはいっても、菜畑遺跡でコメ以外の植物質食材が豊富にあったように、食生活のすべてをコメに依存できたとは思えない。弥生時代の二二四遺跡から二九八種類（一九八一年段階）の植物遺体を摘出し、このうち一七五種類が食用などの有用種であることを実数で示した寺沢薫・寺沢知子の業績（寺沢・寺沢前掲書）がこれを裏書きしている。

## 弥生の食材

これには先に紹介したようにコメ・オオムギ・コムギ・アワ・ヒエ・キビ・ソバなどの穀類をはじめダイズ・リョクトウなどの豆類からカボチャやゴボウなどにいたる三七種もの栽培作物が

含まれている。植物質食材を出土する遺跡では栽培作物ではないドングリ類が多く、クリ・クルミ・トチを加えると、堅果類がコメの倍以上に達する。弥生時代がコメ食の時代であったことは疑いないし、コメ以外の植物質食材にご飯にたいするおかずの役割を果たしたものやコメの不足を補って増量材の役割を果たしたものがあるにしても、寺沢が警鐘を鳴らすように、弥生人のだれもがコメを満腹できるほど食べられたというほどには量的に安定していなかったことを、備荒食としての堅果類の多さが示している。

**ご飯の薫り**

食材は調理されてから食卓に並べられる。いくら生菜を好んだ弥生人であっても生野菜ばかり食べて調理をしないことはなかろうが、具体的にはわからない。そのなかで主食であるご飯の炊き方だけがはっきりとした根拠で推定されている。コメは縄文人が口にできなかった代表的な食材なのだが、しかしこの一例が、食生活のありかたを革新した。朝な夕なに炊かれるご飯の薫りが生活の匂いを変えてしまう。

ほかの食材にくらべて、コメは貯蔵が容易で、移動でき、美味しくて栄養がある。しかし生のままで食べるわけにはいかない。その前に脱穀しなければならないが、唐津市菜畑遺跡の杵《きね》をはじめ臼《うす》と杵の出土例が増えてきている。多くは竪杵《たて》で、ことに福岡市拾六町ツイジ遺跡には各期の杵があって、握り部の中央をそろばん玉状に造り出すものからしだいに装飾性を失って実用的になっていく過程がうかがえる（山口譲治「杵と臼」『ミュージアム九州』三二、一九八九年、図

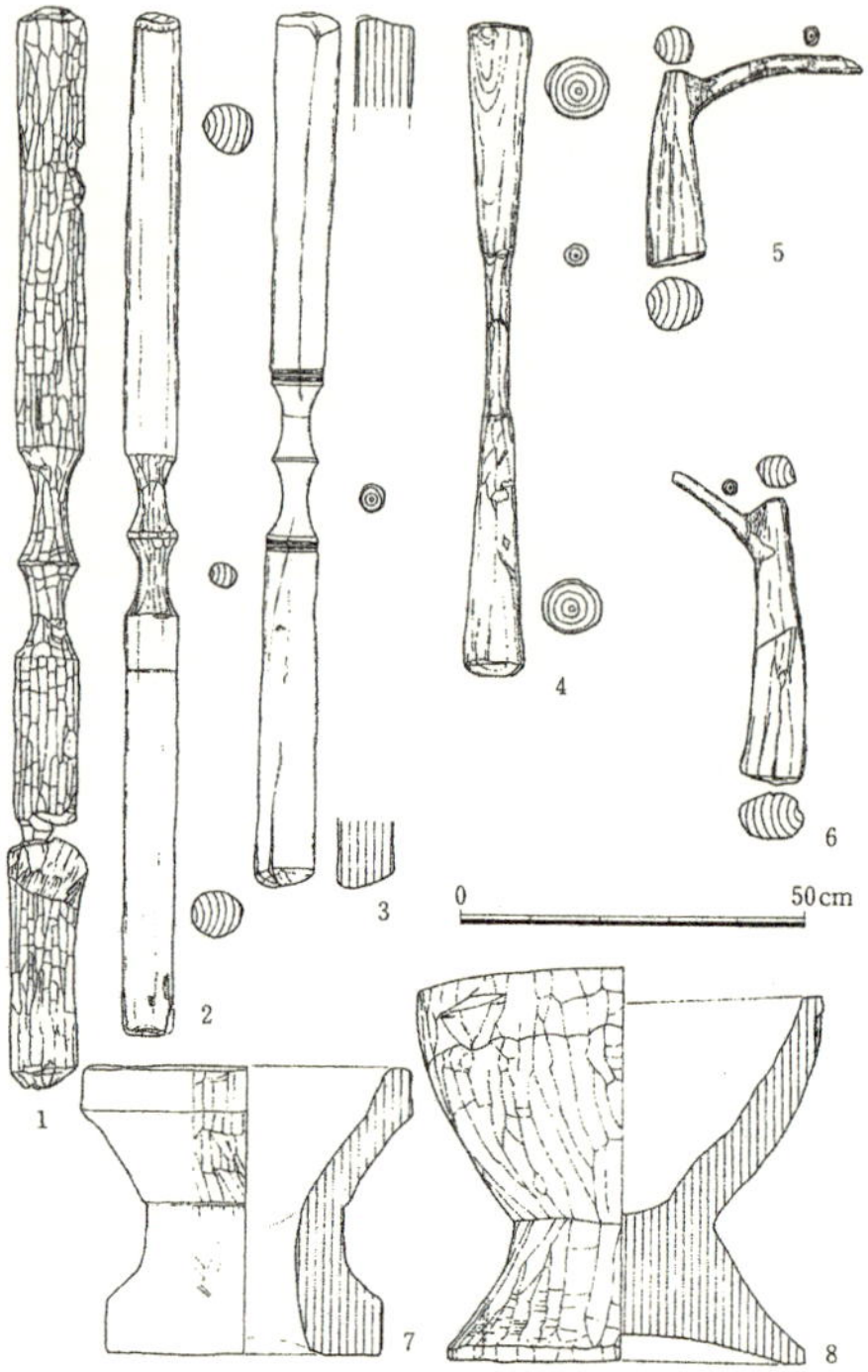


図27　杵と臼（1〜4…竪杵　5・6…横杵　7・8…臼）
1：前期前半、佐賀県唐津市菜畑　2・3：前期後半、福岡市拾六町ツイジ　4：中期後半、福岡市那珂君休　5・6：後期後半〜終末、福岡県春日市辻田　7：中期前半、佐賀県千代田町詫田西分　8：後期後半、福岡市湯納

27)。竪杵の使い方は伝香川銅鐸（後掲図48（一六九ページ））や『福富草紙』などの絵でわかる。後期後半を過ぎると、今では珍しくなったが、餅つきで馴染みのある横杵があらわれる。臼は杵よりも遅れるが、佐賀県千代田町詫《たく》田《た》西《にし》分《ぶん》遺跡などで中期前半にはみられるようになる。ただ、中国の少数民族の脱穀をみると、小形の臼と片手にもてる小形の杵で一日分ずつをついている。出土臼は大形なので、多人数の食事を一緒に用意していたのだろうが、餅つきなどの場合も考慮

できるかもしれない。ふつう餅は横杵でつくが、これを竪杵ですると多くの人が一緒につけ、子供でも十分なほどに力はいらない。

つかれたコメには炊くか蒸すかの調理が不可欠である。かつては弥生人はおこわ状に蒸したご飯を食べていたと考えられていた。しかし、内側にコメ粒がお焦げ状にこびりついたり、外側の吹きこぼれが煤《すす》状に焦げついた甕《かめ》が知られるようになり、こうした資料から柳瀬昭彦（「米の調理法と食べ方」『弥生文化の研究』二、一九八八年）や間壁葭子（「甕飯」『ミュージアム九州』三一、一九八九年）らの努力によって、今では日常のご飯は甕で炊いて食べたとみられるようになった。今でもふだんは柔らかなご飯（姫飯《ひめめし》）を食べ、お祝いなどのときに蒸されたおこわ（強飯《こわめし》）が出されるように、弥生人も姫飯を食べたのだろう。

食べかたで興味をもたれる例がある。神奈川県平塚市の真田《さなだ》・北金目《かなめ》遺跡群で検出された火災にあった後期の住居から、籠《かご》のようなものにはいった状態でおにぎりが四個出土している。大きいもので高さが七・六センチ、底辺の幅は八・三センチから五・六センチあるという。火災で焼けて炭化したため残ったらしいが、食べ残したご飯をおにぎりにして籠にいれ、天井から吊すか棚のようなものにおいていたのだろう。これによって、白ご飯が余るほどに炊かれていたことがわかり、先ほど紹介した弥生人はそれほどコメを食べられなかったのではないかという研究にもかかわらず、意外に食べていた可能性を示している。おにぎり状の炭化したご飯は石川県鹿西《ろくせい》町杉谷チャノバタケ遺跡にもある。長辺八〜八・五センチ、底辺五センチ、厚さ三・五センチほどの長めの二等辺三角形をしたモチゴメの炭化した塊で、三角形の各辺に凹部があり、ササの葉などで包み、縛っていた痕跡ではないかと思っている。佐藤敏也は、粒形がひしめいていて変形しているが肌が荒れていない点などから、蒸されている可能性を指摘している（「チマキ状炭化米の米粒解析」『谷内・杉谷遺跡群』一九九五年）。形状からみてこちらはチマキ（粽）であろう。

## 炊飯法の復原

間壁の実験によると、蒸すと炊くでは大きな時間差がある。蒸すために弥生人は甑《こしき》という底に孔が一つ空いた道具を使う。支脚を三方におき、それに水をいれた下甕にコメをいれた甑を重ねて、木蓋をする。下甕と甑の上下の合わせ目には蒸気を逃さないように土で目張りをして焚きだすが、三五分後には湯気が立ってきている。しかしコメは生のままで、差し水を続けているうちに九〇分後から急速に蒸し上がりはじめ、一〇〇分を要して炊き上がっている。そこで直接甕で炊く方法も実験されている。この場合はコメにダイズ・トリ・手長ダコ・アサリ・ワカメ・フキなどを混ぜ込んでいるが、完全に炊き上がるまでに三〇分しかかかっていない。この方法では、実験のように野菜や肉などをいれた混ぜご飯が容易で、コメが不足した場合には雑炊《ぞうすい》や粥にもなる。炊飯にあまり時間を要さず、しかも多様な炊きかたができる点は、日常の生活にかなっている。こうして弥生人の食事は姫飯や雑炊のように縄文のそれにくらべていったいに柔らかくなり、顎・歯の働きを弱らせ、体格の脆弱《ぜいじゃく》化に影響をおよぼしていく。

炊く方法は土器からもわかる。北部九州では、弥生時代中期以降、福岡市宝台遺跡で設置の状態が検出されたように、五徳状に支脚を三個おいて、その上に甕をのせる方法をとる。また腰高の台状の低部をもつ甕の場合はそのまま直接火にかけても炊ける。静岡市登呂遺跡でみた炊飯実験は後者の方法だった（図28）。今のところ、朝鮮半島および縄文時代晩期末〜弥生時代前期の炊飯法がわかっていないが、おそらく同様の方法であったと考えている。

図28　登呂遺跡で試みられていた蓋無しでの炊飯

じつはこのことは大きな意味をもっている。新石器時代の中国の、水田耕作発祥の地である江南地方（江蘇省・浙江省の一帯）では最古の河姆渡《ホームードゥー》文化の段階では甕（釜）と支脚三個を組合わせた方法でコメを炊くが、次の馬家浜《マージアバン》文化（紀元前四〇〇〇年前後）になるとそれを一体化した鼎《かなえ》などの三足土器を用いるようになり、秦漢時代には竈《かまど》がすでに成立している。紀元前四〇〇年の前後に日本列島に伝播《でんぱ》してきたコメ作り文化の体系は、板付水田や鉄器の使用が実証するように高度なものだった。だが、コメの炊飯法からうかがわれるのは、新石器時代の旧習を温存する、俗にいう田舎の雰囲気である。

弥生文化、そして朝鮮無文土器文化の原形となった中国文化の出発点は、高度な水田農耕技術をもちつつも、その生活は春秋青銅器文化とは違ったいまだ新石器時代の習慣を伝える地域ということになる。この条件をもつ出発地を確定すべく、頭を悩ませている。

## 「倭人伝」の食の記録

ご飯を除けば食の素材がどのように調理され食卓に並べられたかを知るのは容易ではない。ところが幸いにも『魏志』「倭人伝」に弥生人の食が断片的ながら記録されている。この最古の食の記録を記載の順序に抜き出すと、「海物を食して自活し」「田耕せども猶食するに足らず」「好んで魚鰒《ぎょふく》を捕え、水深浅と無く、皆沈没して之《これ》を取る」「魚蛤《ぎょこう》を捕え」「倭の地は温暖、冬夏生菜を食す」「食飲には籩豆《へんとう》を用いて、手食す」「時に当りて肉を食わず」「歌舞飲酒す」「薑《きょう》・橘・椒《しょう》・蘘荷《じょうか》有るも、以《も》って滋味と為すを知らず」「人性酒を嗜《たしな》む」云々とある。つまり、コメ（対馬では不足し壱岐では十分でなかったが）、魚や鮑《あわび》（鰒《あわび》）・蛤などの魚介類（おそらく海藻も）を含む海産物、獣肉、生野菜などを食べていたという。「冬夏生菜を食」したことが特記されているが、生菜は当時の用法からすれば生野菜をさしている。これらの食材は菜畑遺跡から出土した食材だけでも十分に裏づけられる。薑（ショウガ）、橘、椒（サンショウ）、蘘荷（ミョウガ）などの香辛料の使いみちを知らなかったというが、どんな食べかたをしたのだろうか。もっとも縄文時代以来サンショウ・シソ・エゴマの滋味は知られていたし、製塩も行われていた。岡山県総社市南溝手遺跡で出土した中期の甕にエゴマが貯えられていた。エゴマはそのままでは食べづらく、炒った後で磨りつぶして何かと混ぜると、調味料になるから、案外しっかりした味つけがされていたかもしれない。こうして調理された食事を高杯（籩豆《へんとう》）に盛り合わせて、手づかみで食べていたという。酒も好んでいたと伝える。小山田宏一は、弥生時代後期に個人用食器（銘々器《めいめいき》）として高杯（籩豆）が使用された可能性を、指摘している（「高杯型銘々食器群成立の史的意義」『弥生文化博物館研究報告』三、一九九四年）。

考古学は遺跡から出土した資料をもとにして考察する学問だから、たとえば恋愛感情とか思想信条とかのような出土しない生活について考えることには、不向きな面がある。衣食住に限ると、群馬県子持村黒井峯遺跡のように火山灰に埋もれたムラが姿をあらわしたり、土器や銅鐸の絵画や家形土器のような図像・造形で表現されることのある住の資料にくらべ、衣・食の資料は不足している。「倭人伝」は、吟味して使用すれば、考古資料の不足を補う第一級の資料となり、考古資料と共用することで、弥生時代を個人別の食器をもちいる豊かな食生活を営んでいた社会として復原できるようにしてくれる。食の文化を復原するにあたって、それが存在するならば、文献史料の活用は不可欠である。

# 漢代画像資料にみる調理と食の風景

## 漢代の調理と食卓

ところで奴《な》国王や倭《わ》国王の使節が漢に遣わされているが、正式の外交使節であるからには宴席に出る機会があっただろう。漢代の食にかんする考古資料は、食材がそのままパックされていた湖南省長沙市の馬王堆《まおうたい》一号漢墓をはじめ数多く残されている。しかも漢代の人びとは画像石・画像塼《せん》に調理や宴会などの食の風景をみずから描き刻んでいる。その席に列する機会をもった使節たちが、彼らが体験した、たとえば手食ではなく箸《はし》を使うような簡単な漢の食文化を故国に伝えることもあったと思われる。その程度はわからないが、まずは漢の食の風景をのぞいてみよう。

四川省成都市郊外で出土した後漢の画像塼（図29）には、下段に水田で稲刈りをしている農民、上段に陂塘《はとう》（溜池）での養魚と蓮《はす》（蓮根）栽培、そして弋《よく》（いぐるみ、矢に糸をつけて飛鳥を射る

図29　水田耕作と組み合わさった淡水漁撈と狩猟

図30　厨房の様子

弓）でカモを射落とそうとしている人物が表現された弋射収穫図が描かれている。漢代には陂塘稲田の模型があるが、これらもまた水田と溜池のセットが基本になっている。穀倉地帯である中国江南の太湖を訪れたさいに「魚米之郷」と書かれた看板をみたが、群馬県高崎市日高遺跡で溜池の造成が考えられているように、水田と溜池のセットは主食と副食のセットでもある。水の流れの豊かな日本では簗《やな》や筌《せん》の出土例が物語るように小川を利用することもあったろうが、水田そのものも魚の棲《す》み家となる。それを利用した淡水漁撈が根木修・湯浅卓雄・土肥直樹によって提起されている（「水稲耕作の伝来と共に開始された淡水漁撈」『考古学研究』三九―一、一九九二年）し、福岡県甘木《あまぎ》市の田舎で育った私にも水田で魚を追った懐かしい思い出がある。

ほかにも食材にかんする画像資料があるが、それらの調理の情景を描く画像もある。図30は山東省嘉祥県蔡氏園《ツアイシーユアン》出土の画像石で、下段左では竃《かまど》に釜と甑をおき、火吹き竹で火をおこして炊飯している。今ではめったにみられなくなったが、私の子供のころにはありふれた光景だった。その右は深鉢のなかで料理の素材が下拵《したごしら》えされている。横に犬がいるが、犬を調理する図が多くみられるところから、これはペットというよりも生きた食材であろう。その右の、台の穿孔に据えられた尖《とが》り底の容器を押している二人は酒を濾《こ》しているところで、台の下に置かれた容器に貯めている。右端では豚を解体していて、酒づくり中の二人の上にいる羊も、次に解体される運命にある。炊飯中の竃の上部には四尾の魚と二羽の鳥が吊り下げられている。その右横に高脚付きの俎板《まないた》があり、正座した料理人が魚をさばいている。同様の調理の場面は四川省成都市出土の画像塼にほぼ同じ構図がみえるように数多くあるからなにかの説話を描いたのだろう。やはり同じ構図だが、四〇人以上が厨房で忙しそうに働いている山東省諸城県孫琮墓の生々とした画像石をみると、漢代の官人や富裕層の台所をのぞいているような気持ちになる。

## 漢代の市の構造

漢代には、人びとがこれらの調理のもとになる食材を手に入れる場として、市（市場）が発達していた。その活気は四川省新都県出土の市井画像塼（図31）などにうかがえ、図の左上にあたる北市門の東側に描かれた竈で煮炊きしている店のように店舗を構え買物客とやりとりする人もいれば、店を構えられずに露店を開いている人の様子など、南北の市門の間の商売の光景が生き生きと表現されている。煮炊きの店は四川省広漢県出土画像塼などからみて一膳飯屋と思われ、桓寛《かんかん》の『塩鉄論』によると、豚韭卵（豚肉入りニラ玉）・煎魚切肝（あぶった魚と細切りの肝）など今でもありそうな一品が売られていた。なかには犬肉の薄切りと馬の羹《あつもの》である狗腒馬朘といったメニューもあり、かつては馬肉が食されていたことがわかる。居酒屋や書肆《しょし》もあり、『論衡』を著わした王充は貧しくて市で立ち読みをして勉学したという逸話が残っている。

市の全景も、漢の新繁県の市をあらわしたと思われる四川省新都県出土の市井画像塼（図32）によって具体的に知ることができる。四周を方形の市壁で囲まれたこの市は、市壁の四辺の中央

図31　市場のにぎわい

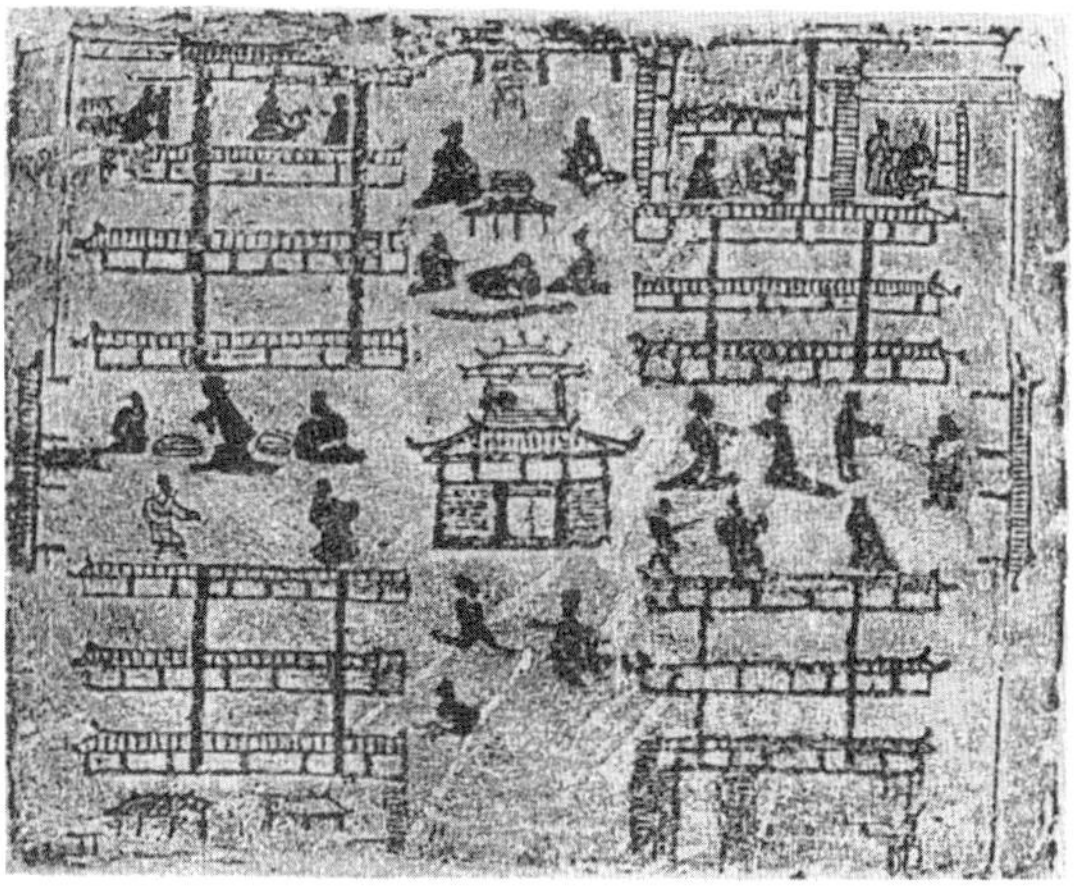

図32　新繁県の市の構造

に東西南北の四門が設けられ、門と門を結ぶ道が十字形に配されている。北と東（塼では逆転して西）には「北市門」「東市門」と題記されている。道路の交差点には市を監察する役人が詰める市楼がおかれていて、二階には定刻になると門を開閉するための時を告げる太鼓が懸けられている。この市楼の様子をもっと細かく描写した塼が四川省彭県で出土している。道で区画された四ヵ所が交易区となる。長屋風の店舗が三〜四列あるが、同じ列では同じ商品を購《あがな》っていた。これを行というが、今も銀行の名称にそれが残っている。店舗で店を構えるには市楼に登録をし租税を負担しなければならない。それができない人は路上で商売することになるが、その様子も表現されている。右上や下端には役宅と思われる建物もある。商う人と買う人の喧騒、そうした市のもつ熱気をこの塼はよくあらわしている。

**国国に市あり**

「倭人伝」に「国国に市あり。有無を交易し、大倭をしてこれを監せしむ」という記事がある。その市がどのような規模・構造であったかを知る資料はないが、図32のような立派な市が倭にあったとは思えない。また漢の県クラスの市がすべてこのように整っていたわけでもない。内蒙古自治区和林格爾《ホリンゴール》県の新店子一号後漢墓は壁画墓としてよく知られているが、その中室東壁に大きく描かれた烏桓《うがん》校尉の幕府図の右上に寧城県の市場が小さく示され、「寧市中」と題されている。これは互市もしくは胡市とよばれる、内部で物々交換をする青天井の市だが、この場合も四周に市壁をめぐらしている。道端でする物々交換とは異なる、れっきとした市である。

「倭人伝」にいう市は、中国人の視点で市があったとする報告をもとにして陳寿が記録しているし、「有無を交易」する市を監する「大倭」がおかれていることも述べているから、「倭人伝」

に誇張があるにしても、周囲を方形に囲繞《いぎょう》する市壁（なんらかの区画施設）と、それを監督する役人がいる市楼的な性格の建物が、互市程度のものであっても必要になる。

「倭人伝」の市を除外すると、日本列島では奈良時代に市が発達する。藤原京の官市の位置はわからないが、次の平城京には東西に官市がおかれていた。このころになると、都に近い近畿地方には海石榴市《つばきいち》・軽市《かるのいち》・阿斗桑市《あとのくわのいち》・餌香市《えがのいち》などの市が知られ、地方にも愛知の小川市や広島の深津市などがあった。そしてこれらよりも古い市と思われるのが、『出雲国風土記』にある朝酌《あさくみ》の促戸《せと》（瀬戸）の渡《わたり》の市である。

朝酌の瀬戸の渡は往来に面し、しかも一帯は漁場で、そこに「家闐《にぎわ》ひ市人《いちびと》四《よも》より集《つど》ひ、自然《おのずから》に鄽《いちくら》を成《な》せり」、つまりこのあたりは種々の魚や浜藻が採れるので人家が集まってにぎわっており、各地からやってくる人も多くていつの間にか市ができたとある。鄽は「いちくら（市倉）」と読まれているが、店舗の意味だから、青空市場ではなく店構えなどのなんらかの施設があったことを示唆している。平城京に続く平安京の市も市司によって管理され、周囲に塀と堀が設けられてほかと隔絶されていたが、都であるにもかかわらず丸木の柱に板葺き屋根の土間型式の粗末な店舗で、商品は棚にのせたり軒先に懸けたり地面においたりしていたというからあまり見栄えはしない。しかし一部が発掘調査され、多量の皇朝十二銭や「承和五千文安継」「承和六貫文」と記された木簡が出土していて、市らしさが伝わる（堀内明博『ミヤコを掘る』一九九五年）。

弥生時代の市はわかっていないとしたが、じつは数年前佐賀県神埼町吉野ケ里遺跡で市が発見されたと大きく報道されたことがある。市と判断した論拠をよく理解できないでいるが、可能性は否定できない。新聞は「倭人伝の市」が発見されたと報じたが、倭人伝の市であるなら、それは中国の人の常識とする市だから、互市程度のものであっても隔絶のための施設と役人の監督用の市楼的な施設が不可欠になる。その可能性のある施設も認められており、「倭人伝」の市となる可能性をもっている。

## 俎板と庖丁

奈良県田原本町唐古《からこ》・鍵遺跡の楼閣風建物のように、漢を旅した倭人が彼の地の風習を伝えた可能性を示す事例がある。それが食にもうかがえる。

弥生時代の遺跡から素環頭刀子《そかんとうとうす》という鉄製の小さなナイフが出土する。私の子供のころに「肥後守」という鉛筆を削り、紙を切り、果物をむき、時には人を傷つける万能のナイフがあったが、木簡を削る書刀・錯刀《さくとう》から料理用の庖丁まで、鉄製素環頭刀子も似たような使われかたをする。韓国の慶尚南道茶戸里木棺墓から出土した紀元前一世紀後半の素環頭刀子は、これにともなう筆軸などから木簡を削る書刀とみられ、文字の使用を裏づける重要な資料となっている。しかし形態の違いもあって、鉄製素環頭刀子の大部分は書刀ではなく、懐《ふところがたな》刀や木工具など別の用途が考えられる。そして漢と同様に、庖丁として使用された可能性がある。熊本県大津町の西弥護免《にしやごめん》遺跡は弥生時代後期終末の集落遺跡だが、ここでは一〇棟の竪穴住居からの各一点をはじめ、二二点の鉄製刀子が出土していて、素環頭刀子も二点ある。住居から出土したからといって庖丁を意味するわけではなくその証明は難しいが、検討の余地はおおいにある。

福岡市雀居遺跡から出土した弥生時代後期の組合式案（机、後掲図50）は、その工芸的な造りと、赤色顔料を塗布した仕上げなどから、文書筆記用の机と私考している。だが、机面に残る無数の刃物の傷痕が気にかかる。もしかすると図30の山東省蔡氏園出土の画像石にみるような高脚付きの俎板《まないた》、あるいはそれに再利用されたのかもしれない。同様の机は福岡県北九州市金山遺跡や大分県国東《くにさき》町安国寺遺跡など弥生時代から古墳時代にかけての九州北半の遺跡で出土している。筆記用の机とは大違いになるが、漢代に通じる高脚付俎板を鉄製素環頭刀子で料理していたのであれば、これもまた弥生時代の文化水準の高さを示す希有《けう》の資料となる。

# 神々との日々

# 歌舞飲酒する人びと

## 弥生人の寿命

『魏志』「倭人伝」には「歌舞飲酒す」「人の性、酒を嗜《たしな》む」と二度酒にかんする記述がある。後の文は弥生人の会同つまり集会の習俗に続いて出てくるから、集会で酒が振る舞われ、それを好んで飲んだということだろう。それに歌舞飲酒とくれば、飲めや歌えやのドンチャン騒ぎと思いたくもなるが、歌舞飲酒は葬送の場面で出てくる。つまり死者が出ると、一〇日間ばかり殯《もがり》を行い、哭泣する喪主のかたわらで他人は歌舞飲酒するという。喪主が哭泣する事例は、天稚彦《あめわかひこ》の死を妻の下照姫《したでるひめ》が声を上げて泣く様子が『日本書紀』神代紀に描写されている。同じことが『古事記』にもあるが、この時に雉《きぎし》を哭女つまり泣き女にしたとあるが、喪主に替わって泣く哭女の習俗は今でも中国や韓国に遺風として残っている。さらに「倭人伝」は歌舞飲酒の前に「時に当りて肉を食わず」と述べるが、佐伯有清は『礼記』檀弓下の「弔いを行なう日には、酒を飲み肉を食わず」との共通性を指摘している。このように人の死を悼む殯の期間の歌舞飲酒は東アジア世界に共通する葬送儀礼の一つである。

それでは弥生人はいったいどの程度の年月を生きたのだろうか。

典型的な高顔・高身長の弥生人のムラの墓地である福岡市金隈遺跡では、調査された三四八基の甕棺《かめかん》墓から成人九九体、未成人三七体、合計一三六体の人骨が検出されている（中橋孝博・土肥直美・永井昌文「金隈遺跡出土の弥生人骨」『金隈遺跡』一九八五年）。こうしてみると成人の数が多いが、甕棺の口縁径四五チセンを境に成人棺と小児棺に区別すると、残っていた人骨の年齢と甕の大きさがほとんどにおいて対応し、小児棺とよばれているものにはやはり未成人が納められている。その小児棺の比率は六一・五％に達するから、出土した人骨が成人九九にたいして未成人三七であった状況とは大きく異なって、当時の未成人の死亡率の高さが浮き彫りにされる。未成人のなかでは八〇％が乳・幼児で、この年齢層の死亡率がもっとも高い。これが原因で金隈の人びとの平均寿命は一八・三歳と低く推定される。福岡県小郡市横隈狐塚遺跡では一七四基の甕棺墓から一一五体の人骨が検出されているが、金隈遺跡にくらべて未成人の死亡率が低く、平均寿命は二八・三歳になる。これら二遺跡を含めた北部九州の弥生人の平均寿命は男性二三・一歳、女性二二・六歳で、わずかながら男性のほうが長命になっている（中橋孝博・永井昌文「寿命」『弥生文化の研究』一、一九八九年、表3）。

| | 出土人骨数 | 生命表による平均寿命 |
|---|---|---|
| 縄文人 | 235 | 14.6 |
| 北部九州弥生人 | 684 | 22.8 |
| 金隈弥生人 | 131 | 18.3 |
| 横隈狐塚弥生人 | 115 | 28.3 |
| 吉母浜中世人 | 107 | 20.6 |
| 岩虎村江戸時代人 | — | 36.7 |
| 明治時代日本人 | — | 36.1 |
| 大正時代日本人 | — | 42.7 |

表3　弥生人の平均寿命

こうしてみると弥生人の平均寿命は短い。天寿を全《まっと》うせず、戦争で死んでいった男もいれば、出産で力尽きた女もいよう。それでも山口県下関市の中世吉母《よしも》浜《はま》人は二〇・六歳、明治時代日本人でも三六・一歳だから、特別短いわけではない。ちなみに金隈遺跡では、年齢を推定できる成人八五体でみると四〇歳以上が四六体、六〇歳以上も四体あって、乳・幼児期を生きぬければ余命は意外に永い。しかも六〇歳を越えた四体はすべて女性で、熟年・成年でも女性がより高年齢で死亡しているなど、このムラの女性は寿命が永くなっている。

## 振る小銅鐸

寿命を終えた弥生人は、喪主の哭泣と歌舞飲酒する人びとのざわめきのなかで、次なる黄泉《よみ》の世界に送られた。「倭人伝」では歌舞飲酒の場面はこのように葬送儀礼にさいしてのみあらわれるが、同じ『魏志』の「韓伝」馬韓条には、毎年五月に種下ろし（田植え）が終わると鬼神を祭り、「群聚して歌舞飲酒し、昼夜休むこと無し」と出てくる。十月に収穫を終えた後にも同じことをするというから、田植えと収穫というコメ作りの大切な節目に祭祀の一環として、昼間のみならず夜を徹して歌い舞い飲酒している。「夫余伝」や「濊《わい》伝」にも祭祀にあたって「飲酒歌舞」することが出てくる。弥生人が葬送のときにする歌舞飲酒も死者を送る祭祀儀礼であり、歌舞飲酒の習俗はさまざまな祭祀にともなう東アジア世界に共通する行事であったことがわかる。

つまり倭人の歌舞飲酒の機会もまた葬送時にとどまらず、稲作の節目などさまざまにあったろう。飲酒はともかく歌舞の内容だが、馬韓条には続けて舞の内容を具体的に示し、それが中国の「鐸舞」のようであると述べている。

鐸といえば、弥生時代の代表的な青銅器に銅鐸がある。

青銅製武器は朝鮮半島から北部九州に伝わってくるとすぐに模倣され、製作された。それを出土する鋳型が物語るが、細く鋭利に作られた刺突用武器としての形態（細形）は中細、中広、広形（剣は平形）と型式を変化させながら列島化ともいうべき大形化をし、武器の形をした祭器へと変質していく。祭器化のはじまりとなる中細型式は中期前半には確実にみられる。このことは銅鐸にもいえる。祖形としての、あるいは原形を模倣した朝鮮小銅鐸は細形型式にあたり、中細型式に相当する円環鈕《えんかんちゅう》式無文鐸〜菱環鈕《りょうかんちゅう》式横帯文鐸以降、銅鐸は祭器としての道を歩んでいく。鳥取県泊村出土の外縁付鈕式流水文銅鐸（高四二・七センチ）や、兵庫県西淡町中ノ御堂の外縁付鈕式袈裟襷文《けさだすきもん》銅鐸（高二二・五センチ）などの銅舌《どうぜつ》をともなう例は、実用器としての楽器、つまり「聞く銅鐸」である。滋賀県野洲町の銅鐸博物館で鳴らしてみたが、高音の澄みわたる音色だった。それが鐸身を飾る文様が大きくなり、文様を楽しむ傾向がうかがえるようになると、器高を増してくる。新段階の突線鈕式2式になると器高は飛躍的に大きくなり、最新の突線鈕5式の野洲町大岩山I―一号鐸は一三四・七センチをはかるまでになる。これはもう人が抱えうる楽器ではない。これを田中琢は「聞く銅鐸」から「見る銅鐸」としての祭器へと性格に変質が認められるとしている（「〈まつり〉から〈まつりごと〉へ」『古代の日本』五、一九七〇年）。それは吊す銅鐸から置く銅鐸への変質であった。

これとは別に後期の北部九州を中心にした地域には朝鮮小銅鐸に系譜をもつ小銅鐸がある。近畿地方を中心とする銅鐸分布圏の周辺でこれを真似た小さな銅鐸（銅鐸形銅製品）がみられるが、それとも異なる。中期前半ないしはそれ以前の福岡県嘉穂《かほ》町原田遺跡から類品がみられるが、福岡県春日市須玖《すく》坂本遺跡から小銅鐸の外型と内型がそろった石製鋳型《いがた》が出土していて、後期にも製作が続けられていたことがわかる。

福岡県前原《まえばる》市浦志A鐸や福岡市板付遺跡出土の小銅鐸は銅舌をともなっていて、これらは実際に使われている。後期後半～終末の浦志A鐸は完全な姿をとどめているが、総高六・五五センチで、身高五・三五センチ、舞幅二・九〇センチ、裾幅三・六五センチ、裾厚二・八〇センチと小さい（図33）。これに全長五・四〇センチの断面多角形をした棒状の銅舌をともなっている。板付鐸はこれに先行する後期前半のもので、竪穴住居の跡に掘り込まれた土壙状の遺構から検出されている。総高七・六センチの鐸身が銅鐸と同じように側面を上下にして埋められていた。これにともなう銅舌は内面の上側に銹《しゅう》着《ちゃく》していた。また裾部の一部を欠損しているが、その部分が下になっていて、廃棄というよりも儀式での使用後に埋納したように思われる。福岡市雀居《ささい》遺跡には銅舌をともなう小さな馬鐸があり、今でも高い音色を響かせている。

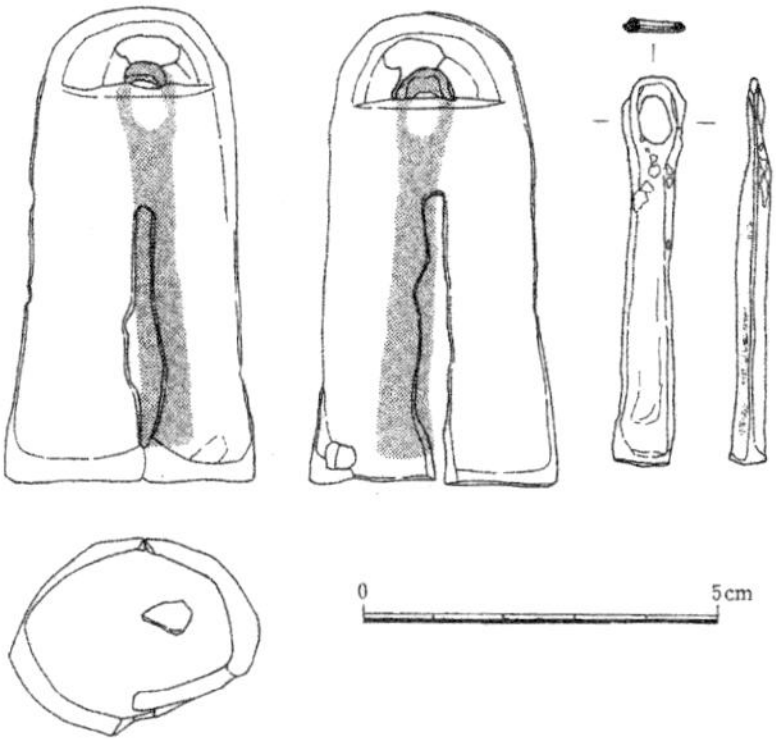

図33　浦志遺跡出土の振る小銅鐸

『魏志』「韓伝」は馬韓の歌舞が中国の「鐸舞」に似ているという。鐸舞がどのような舞かはわからないが、数十人が一緒に調子を合わせながら地を踏んで高く低く舞い、手足がそれに応じるという。鐸を手にもって舞うとも考えられるが、互いの手をつないで舞うのであれば、手にもつにはやや邪魔のように思える。シベリアを流れるアムール川下流のマリーンスコエに住むツングース系少数民族であるウリチ人のシャーマンが病気を治療する映像をみたことがある。シャーマンは手にもった団扇太鼓《うちわだいこ》を打ち鳴らしながら診察や治療にあたるが、霊力を高めるときや霊への感謝のときには腰に七個ほどの銅鈴（鐸）を着け、激しい音を立てながら踊っていた。馬韓（現在の韓国西半地域）では「韓伝」の時期に小銅鐸が出土していないし、後期の九州にも複数でまとまる例はない。なによりもシベリアの例は時空を越えている。しかしながら後期の小銅鐸が集落から検出されることを考えれば、このような手に持ったり腰に着けたりして振って発音させる楽器、「振る小銅鐸」だったのではないかと思っている。したがって小銅鐸は銅鐸とは別の用途をもつ楽器といえる。

佐賀県神埼町川寄吉原遺跡から出土した鐸状土製品に刻まれた人物像（図34）は、狩人とも戦士ともいわれているが、頭部の羽飾りからみて鳥装の司祭者による祭りの光景と思われる。この人物の装いをみると、腰に刀を差し、右手に戈《ほこ》と思われる長物をもっている。川寄吉原遺跡に近い東脊振《ひがしせふり》村瀬の尾遺跡から出土した古墳時代初頭の土師器《はじき》には、くちばしのある仮面をかぶり頭に羽飾りをした人物が描かれているが、左手に盾をもっている。盾には文様もある。同様の絵は奈良県田原本町清水風遺跡にもあり、頭に羽飾りをした人物二人が右手に戈、左手に盾をもっている。これらからみて川寄吉原例の左手のそれも盾であろう。両脇の下にも図文があるが、近藤喬一は左のそれを銅鐸と解し、本来祭りには武器と鐸が必要であったと説く（「東アジアと青銅祭器」『銅剣・銅鐸・銅矛と出雲王国の時代』一九八六年)。たしかに朝鮮半島の青銅器は、祭器ではなく実用具であるが、小銅鐸が武器と組み合わさって副葬されている。そういうセットと考えれば、これは銅鐸でなく、小銅鐸になる。佐原眞は弥生人の描く絵を、複数の方向からみて描いた

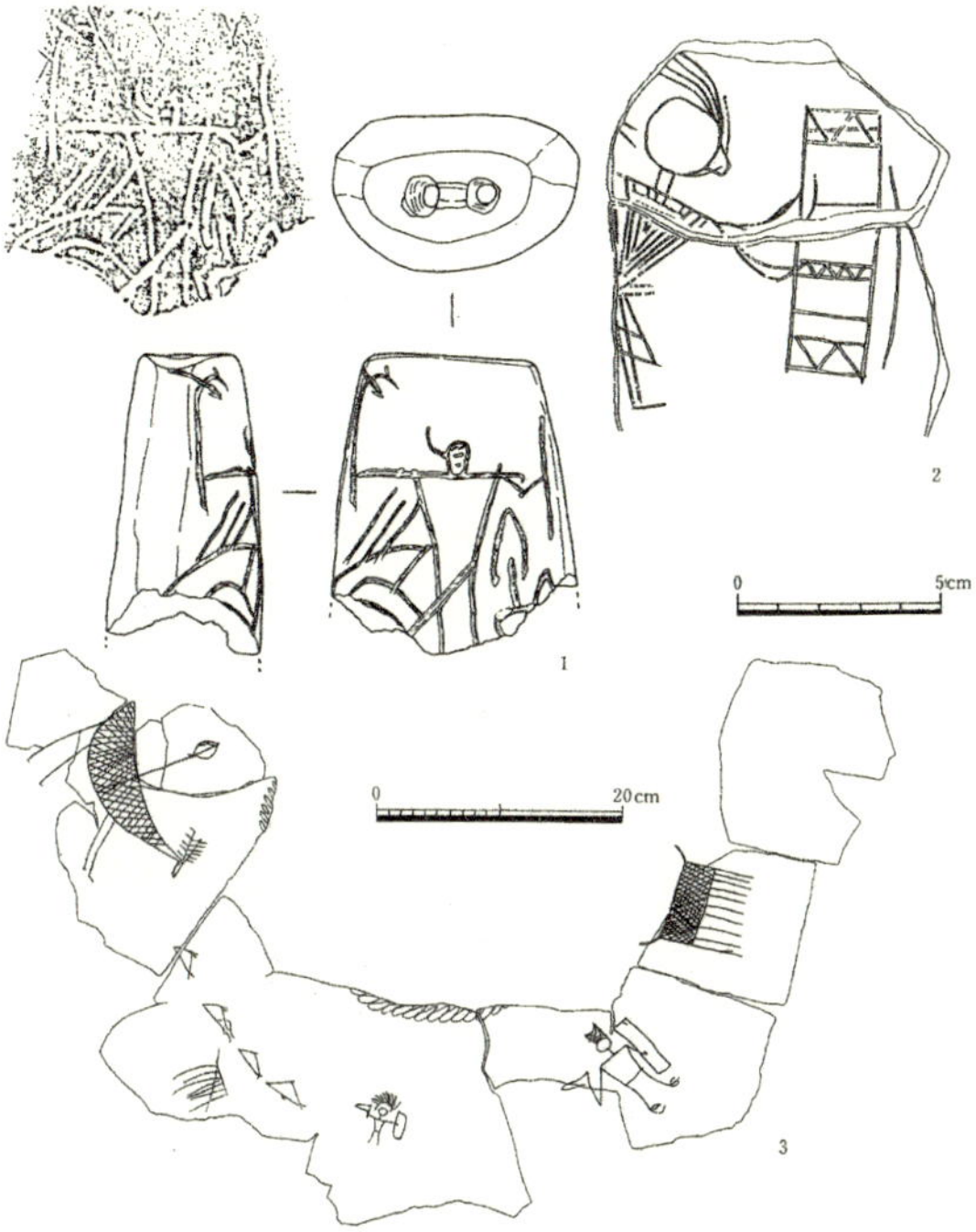


図34　頭に羽根飾りを着け、手に戈と盾を持つ司祭者

1：佐賀県神埼町川寄吉原　2：佐賀県東脊振村瀬ノ尾　3：奈良県田原本町唐古・鍵

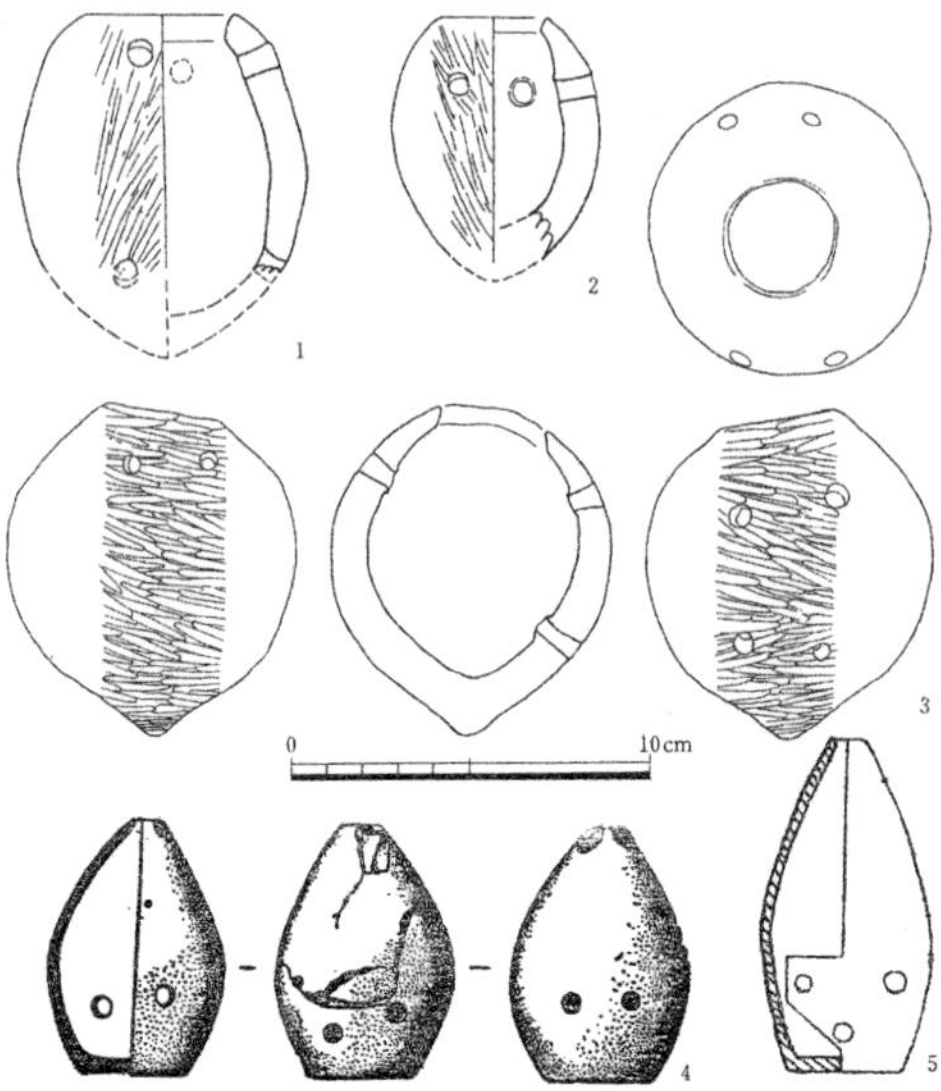


図35　日本と中国の陶塤
1～3：島根県松江市タテチョウ　4：中国河南省輝県琉璃閣　5：河南省洛陽収集

多視点画であると説いている。そうであれば、戦士の姿をして舞う鳥装の司祭者の両手はふさがっているから、背中あるいは腰に着けている小銅鐸をあらわしたと思える。ともあれ静寂のなかでまわりに響きわたる鐸舞の小銅鐸の音色は人びとを陶酔に導いたことであろう。

## 土笛の響き

朝鮮小銅鐸は原田鐸からみて前期末から中期前半にかけての時期には伝わっていたと思われるが、それ以前に弥生人がはじめて音色に親しんだ楽器がある。土製の笛、陶塤《とうけん》（図35）である。

陶塤は上部の三分の一ほどを切り取られた中空のラグビーボールのような器体をしていて、上部の開口部を吹口にするとともに、前面に四孔、背面にも二孔を開ける特徴をもっている。綾羅木郷遺跡などの山口県下関市周辺、タテチョウ遺跡や西川津遺跡などで知られる島根県松江市から目久美遺跡などのある鳥取県米子市にかけての一帯、京都府峰山町途中ケ丘遺跡などの丹後半島一帯の三ヵ所で集中的に出土する（山田光洋『楽器の考古学』一九九八年）。とはいっても日本海にそった地帯であり、器形や構造の一致や弥生時代前期に限定できる時期から、相互に関係していることは疑いない。三ヵ所ではタテチョウ遺跡で二〇点、西川津遺跡で一八点を数え、出土資料の七割を占める松江市一帯が注目される。これらとは時期的に遅れる中期の資料であるが、長崎県壱岐島の原の辻遺跡からココヤシ製の笛が出ていて、前面が五孔である点を除けば列島版陶塤に酷似している。

土製の笛なのに土笛とよばずに陶塤とよんでいるのは、綾羅木郷遺跡でこの種の資料に着目し、新石器時代から漢代にかけての中国で出土する陶塤に酷似するとした国分直一にしたがってのこと（「弥生陶塤」『弥生の土笛』一九七九年）で、中国に系譜をもつ楽器と考えられてきた。前期に限られることから、水稲耕作文化体系の一つとして伝わり、日本海にそって稲作地帯が北上する姿を示す指標とも考えられた。しかし図35の4・5に示すように、中国の陶塤は日本の諸例と異なって上部が開口することはなく、吹口は半球形の頂部にくる。また前面の孔も基本は三孔になる。このような基本の相違から、山田光洋は系譜関係に疑問を述べている。李純一が中国の古代楽器を集成している（『中国上古出土楽器綜論』一九九六年）が、それに収められた陶塤を点検しても、山田のいうように、形態は似ているものの基本が異なっている。つまり日本の陶塤と中国の陶塤とは、なんらかの形でのアイディアの借用があったとしても、他人の空似である可能性がある。

なお、楽器としての機能は、山口県在住の版画家松岡敏行が陶塤を複製し演奏の実験を重ねて、確認されている。

### 本格的な楽器としての琴

飛鳥時代から奈良時代にかけて音にかんする驚くべき記録がある。天武天皇の十三年（六八四）に飛鳥《あすか》浄御原宮《きよみはらのみや》で東方の伊豆沖合の海底で爆発した火山の爆音（『日本書紀』）、天平宝字八年（七六四）には平城京で鹿児島の桜島の爆発音（『続日本紀』）が、それぞれ聞こえたというのである（中川真『平安京　音の宇宙』一九九二年）。大学の大教室の授業でマイクを使っている現代には考えることが不可能な静寂がそこにある。

『日本書紀』や『古事記』などに神事・神占・祭事そして宴会などで使われる楽器として琴がよく出てくる。筑紫の訶志比（香椎）宮で仲哀天皇が神占いをしたときに、天皇が琴を弾き、建《たけの》内宿禰《うちのすくね》が沙庭（神占いの場）にいて、息長帯日売命《おきながたらしひめのみこと》（神功皇后《じんぐうこうごう》）が神の言葉を告げるという場面が『古事記』にある。灯りのない漆黒《しっこく》の暗闇の沙庭で神懸《かみが》かりした息長帯日売命が神託を告げるが、恐ろしいまでの静寂という抜群の舞台効果のなかで、琴の音色が響きわたる。

もちろんそれ以前の弥生時代も同じような静寂の世界だから、小銅鐸や陶塤のように人為的な発音装置は驚異をもって受けとめられただろう。そして人びとを驚かせ堪能させたであろう本格的な楽器に琴がある。なお、ふつう弦をもちあげるための柱のあるものを箏《そう》、ないものを琴《きん》というが、箏の柱を琴柱《ことじ》とよぶように混同されている。出土例は琴柱の有無がわからないものが多いこともあって、ここでは総称としての琴をもちいる。

弥生時代の琴は福岡県春日市辻田《つじばたけ》遺跡から静岡市登呂遺跡、新潟県刈羽町西谷遺跡にいたる範囲で出土するが、分布の中心は近畿地方にある。出土琴を体系化した水野正好はそれを板作りの琴と槽《ふね》作りの琴に二大別し、その展開を見通している（「琴の誕生とその展開」『考古学雑誌』六六―一、一九八〇年、図36）。この時点では前・中期の資料が知られていなかったため、四点が出土した辻田遺跡にそれぞれ二点ずつあったように、両種の琴ともに後期に出現したと考えられていた。ところで、板作りの琴は平板な一枚板を削り出すものをさし、前期の大阪府東大阪市瓜生堂遺跡例がもっとも古い。槽作りの琴には音を増幅させるための共鳴箱（槽）がとりつけられている。中期後半の静岡県浜松市角江遺跡からあらわれる。なお、板作りの琴のうちに、一枚板が途中から厚みを増して断面が二等辺三角形になるようなタイプがあり、これを山田光洋は前二者と分けて棒作りの琴とよんでいる（山田前掲書）。棒作り琴は中期後半の角江遺跡から出土している。

琴には弦を張る。弦は一端の突起間の凹部と他端近くに設けられた集弦孔とに張るから突起数

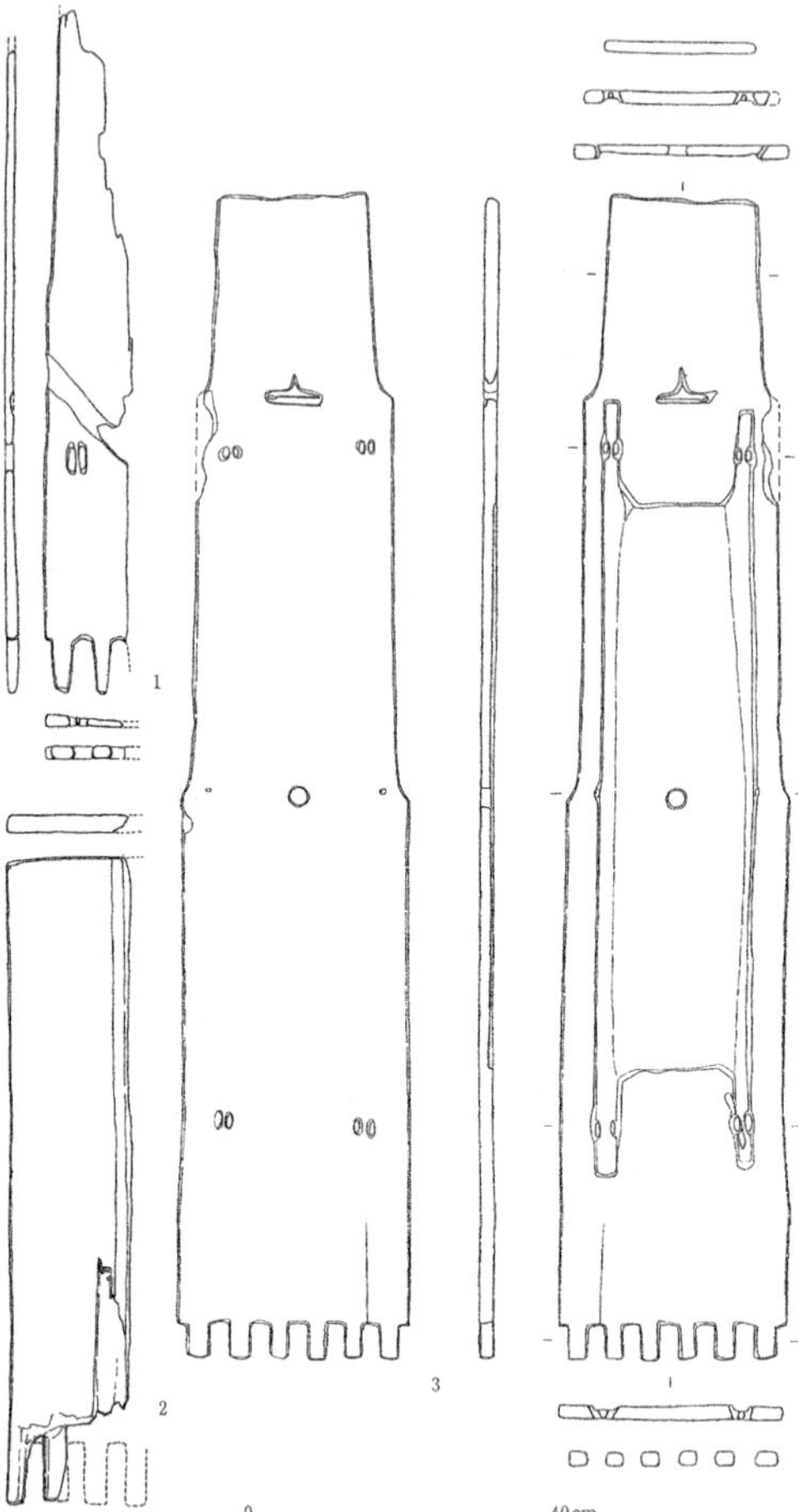


図36　辻田遺跡の２種の琴
１：板作りの琴　２・３：槽作りの琴

より一つ少ない数になるはずだが、凹部の両隅に張る例もあって単純には弦数がわからないが、四〜六弦が多い。形象埴輪の弾琴像をみると、群馬県前橋市朝倉遺跡例では琴を膝にのせ左手で弦をおさえ右手で弾いているし、埼玉県行田市瓦塚古墳例では左手は同じだが右手には撥《ばち》状のもの（琴軋《ことさき》）をもって弾いている。ほかの例も琴を膝においている。弥生時代の琴を出土例でみると、二五・六《チセン》と短い奈良県橿原市四分遺跡例もあるが五〇《チセン》前後の一群と、それぞれ一四八・四《チセン》、一四〇・八《チセン》の辻田例、石川県金沢市西念南新保例のように膝にのせるには長すぎる一群がある。前者を膝にのせるタイプとすると、後者は中国吉林省集安市の舞踏塚古墳の壁画にみられるような床におき一方を膝にのせるタイプになろう。

弥生時代の琴は後期に三種がそろうとともに急に数が増えるところから、その系譜を中国に求める佐田茂の見解（「古代琴雑考」『考古学雑誌』六六―一、一九八〇年）が支持されている。だが、ほかと時間的に遊離しているとはいえ前期の瓜生堂例は後期の板作りの琴に通じている。それに形態が異なるという難点があるうえに、前期に中国との交流はまだ認められず、あっても朝鮮半島を介した間接的な交流であった。

そこで韓国の琴資料をみると、弥生時代併行期のものとして馬韓にあたる全羅南道光州市の新《シン》昌《チャン》洞《ドン》遺跡に半分に折れた状態だが全形のわかる琴がある。弦をとめる側の端には弥生琴のような突起はなく、集弦する他端のほうはいったん半円形にまとめその中央からT字状の突起をつくりだしている。弦孔は六個現存するが一〇個に復原できるから、一〇本の弦が張られていたことがわかる。漆の皮膜しか残っていないが、ほぼ同じ形態の琴が慶尚北道慶山市林堂洞一二一号墓で検出されている。また慶州市鶏林路三〇号墳から出土した土偶装飾付長頸壺をはじめ新羅《しらぎ》土器にはいくつか弾琴像（図37）があるが、それらも同じ特徴をもって表現されていて（姜友邦「新羅土偶論」『新羅土偶』一九九七年)、膝にのせて奏する現在の伽耶琴《かやきん》に連なっている。『魏志』「韓伝」に、弁辰(弁韓)には筑《ちく》に似た瑟《しつ》という楽器があって、これで音曲を弾ずるとある。瑟は大琴の意味で長さや弦の数が出土した資料と異なっているが、琴のような弦楽器があるという意味だろう。ともあれ韓国の琴は弥生琴と様式が異なり、系譜をたどることはできない。

図37　新羅土偶が弾く琴
上：慶尚北道慶州市鷄林路30号墳　下：慶州市皇南洞

弥生琴の系譜を中国や朝鮮に求めるには越えがたい形態の違いがある。さらに琴の分布圏にある滋賀県彦根市松原内湖遺跡から縄文時代晩期の、突起を二つつくりだした板作りの琴に類似する木製品が知られており、瓜生堂琴を介在させると、板作りの縄文琴が弥生人に受け継がれて弾かれ、やがて後期に棒作りの琴や中国の影響で槽作りの琴が生まれたのではないだろうか。ともあれ陶塤は弥生時代前期で姿を消すが、琴は古墳時代以降に伝えられ和琴《わごん》に発展していく。それにしても、技術移転の成果と思われていた陶塤と琴のいずれもが、現状の資料では、ヒントは海の外にあったにしても弥生人の創意工夫である可能性を秘めているといえる。

# 祭りの光景

**復原された祭殿建物**

古墳と違って弥生時代の遺構は地上に姿をとどめることが少なく、保存されても雑草の茂る遊休地となることが多かったが、近年では静岡市登呂遺跡や佐賀県神埼町吉野ケ里遺跡のように弥生のムラとして史跡整備され現代の人びとに活用されるようになってきている。吉野ケ里遺跡では、従来の復原整備に加え祭祀空間と考えられている北内郭を全面整備し、祭殿を中心とする建物群が威容をあらわしている（図38）。祭殿は中国的な四合院式建物配置がみられる大阪府和泉市池上曾根遺跡でも整備されている（図39）が、こちらは屋根などにムラの神話や農耕祭祀をあらわした絵が彫り込まれ赤と黒で彩色されていて、なんだか東南アジアの高倉をみるような違和感がある。

復原された祭殿は弥生時代の掘立柱《ほったてばしら》建物のなかに時折りみられる大型建物の性格を反映して

図38　姿をあらわしてきた吉野ヶ里遺跡の祭殿
（復原工事中）

図39　池上曽根遺跡の祭殿（復原）

いる。大型建物の判断は、掘立柱建物の平面面積の規模がふつう四〇平方メートル以内に収まるところから、それを越えるものとされている宮本長二郎の基準（「弥生時代・古墳時代の掘立柱建物」『弥生時代の掘立柱建物』一九九一年）が使われている。これに梁行《はりゆき》四メートル以上、桁行《けたゆき》九メートル以上、さらに柱掘形の一辺が一メートル前後かそれ以上、柱の直径が二〇センチ以上であることを条件に加える下村智の見解（「玄界灘沿岸地域の大型建物」『考古学ジャーナル』三七九、一九九四年）も、遺構の実態にそっており賛成できる。

しかしながら近年は、梁行五間（九・八メートル）×桁行八間（一六・六メートル）、平面面積はじつに一六三平方メートルに達する佐賀県鳥栖《とす》市柚比本村《ゆびほんむら》遺跡例を最大に、建物の平面面積が七〇平方メートルを超える例が増えている。それらの平面形をみると、多くは梁行で三～五間、桁行でも五間以上を数える構造になっている。

こうした面積が一〇〇平方メートルを超えるような大型の建物は、柚比本村例や復原祭殿の例としてあげたそれに次ぐ大きさの吉野ケ里遺跡北内郭の三間（一二・五メートル）×三間、平面面積一五八・七五平方メートルをはかる建物など、北部九州に多い。しかし最近は北部九州以外でも大型建物が各地で検出されていて、近畿地方にもやはり復原祭殿の例にあげた池上曾根遺跡例のように梁行は一間（六・九メートル）ながら桁行一〇間（一九・二メートル）、平面面積一三五平方メートルをはかる大型建物がある。この建物は両妻側に銅鐸や土器に描かれた絵と同じように独立棟持柱があり、屋根下ではかると総面積は四〇〇平方メートルにもなる。

このように平面面積が一〇〇平方メートルを超える例を超大型掘立柱建物とすることができる。ただし、それをやや下回る大型建物や、たとえ平面規模がそんなに大きくなくともムラのなかでほかの建物を圧していればそれも相対的に大型建物に違いないから、こうした点も考えながら祭殿とされる超大型掘立柱建物を検討することにする。

ムラで共存するふつうの住居と、大型あるいは超大型の掘立柱建物が性格・機能を異にするであろうことは容易に推測できるし、遺跡の実態がそれを物語っている。この場合、「大型」であることから推測できる性格は、集落の構成員が共同して活用できる施設としての集会場や共同作業場、首長の居住する館、そして祭殿などが考えられよう。

最初に登場する超大型建物は弥生時代前期末〜中期初の福岡市吉武高木遺跡のそれで、梁行四間（九・六メートル）×桁行五間（一二・六メートル）、平面面積一二一平方メートルをはかる。その外周に一間分の廂《ひさし》状の廻縁がつくと考えられていて、それでみると梁行五間（一三・七メートル）×桁行五間（一五メートル）、平面面積は二〇〇平方メートルを超える巨大な建物になる。主屋内部には主軸線上に大形の柱穴がみられる。しかも早良《さわら》王墓として話題をよんだ吉武高木墓地と至近の距離にあり、ほかの建物が首長層の墓地とは反対側の一段低いところに位置しているのにたいし、この超大型建物は見上げる位置にある。このような規模や環境からみて、たんなる集会場や共同作業場ではなく、吉武高木の超大型建物は首長王墓の遥拝《ようはい》所的機能をもつ祖霊祭祀のための祭殿、あるいは威圧的な首長の居館（高殿）と考えうる性格をもっている。

すぐ近くに首長層を葬る墳丘墓があり、一般の人びとの住まいと隔離した位置につくられた超大型建物は、佐賀県鳥栖市柚比本村遺跡や吉野ケ里遺跡環濠内の北内郭にもある。しかも祖霊の遥拝所的な遺構配置や赤く塗られ器表を磨かれた祭祀土器などの出土遺物からみて、両遺跡の超大型建物は祭殿としての性格を強く感じさせる。このことは同じ条件にある吉武高木遺跡例の性格も祭殿に考えさせてくれる。池上曽根の場合も、建物の前にクスノキの大木をくりぬいた神泉的な井戸があり、宗廟《そうびょう》の雰囲気をただよわせている。このように現在知られている超大型建物は居館というよりも祭殿とみなされる条件をそなえている。

北部九州の諸例よりも超大型建物の前に神泉井、左右に脇殿を配して「コ」字形の四合院式配置をとる池上曽根遺跡は、祭殿として発達した形態をとる（図40）。古墳時代前期の例であるが、鳥取県羽合町長瀬高浜遺跡で、方形の竪穴住居状のくぼみのなかに直径五〇㌢《セン チ》の大きな主柱を五㍍《メー トル》間隔に配した一間×一間の建物が検出されているが、階段を支えた小柱穴や外側を前方後円形に囲む溝のなかにも小さな柱穴が連なっている。社殿とそれを囲む柵《さく》（玉垣）を思わせる。似たような構造をもつ兵庫県神戸市松野遺跡の建物は神殿建築の祖形として評価されており、そうした流れを参考にすれば、人びとの住まいとかけはなれた規模をもつ超大型建物・大型建物を祭殿

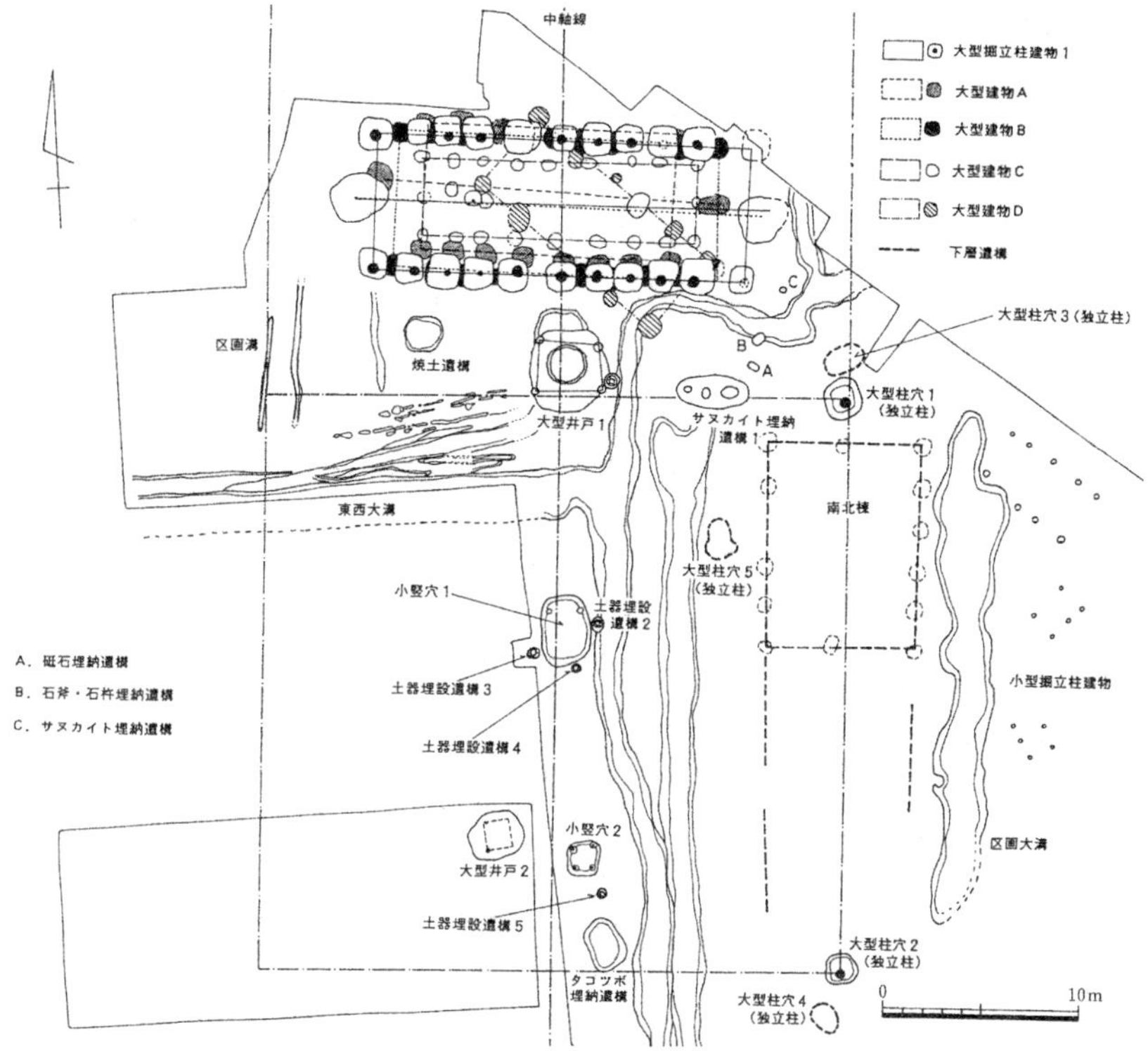


図40　池上曽根遺跡の建物配置

とみても飛躍はあるまい。

**囲われる異次元空間**

祭祀の道具や祭祀の場がわかってきたところで、歌舞飲酒の項で紹介した『魏志』「韓伝」の馬韓条の祭りの場面をもう少し引用しよう。歌舞飲酒は五月の種《たね》蒔《ま》きの後と十月の収穫の後にするのだが、次にその前提ともいうべき信仰の形態が述べられている。

まず、鬼神（中国の人には理解できなかった信仰の形態）を信じる馬韓の人びとは、地域社会の大小（国や邑《ゆう》）にかかわらずそれぞれに一人の天君とよぶ天神を祭る司祭者がいること、そしてそれぞれに蘇塗《そと》とよぶ特別区（別邑《べつゆう》）がつくられていることを述べる。

次いで蘇塗について「大木を立て、鈴鼓《れいこ》を県《か》け、鬼神に事《つか》う。諸々の亡、逃げて其の中に至れば、皆之れを還さず、好んで賊を作す」と説明する。前半は蘇塗の状況で、そこには大きな木を立て、鈴や鼓を懸けて鳴らし、鬼神に仕えるというから、長野県の諏訪神社の御柱《おんばしら》のような祭場が考えられる。後半は逃亡（犯罪）者であってもそのなかに逃げ込むことができればこれを捕まえることはしない、つまり無罪放免になるということで、これを利用した犯罪者が増えているという現況を伝えている。さらに蘇塗は浮屠《ふと》（仏寺の塔）のようなものだが、行っているところの善悪は異なっていると非難している。ともあれ、逃げ込んだ逃亡者は捕まらないということの説明で、蘇塗は別邑とも表現されるように隔離された空間領域であることがわかる。

今でも長崎県対馬《つしま》の厳原《いづはら》町豆酘《つつ》にみられる天道《てんとう》信仰に参考になる事例がある。豆酘の東に浅藻《あざも》浦とよばれる地区があるが、ここは別名を卒土《そと》の浜といい、近世初期以降明治九年まで人が住むことが禁じられていた。浜から川をややさかのぼった表八丁角から天道山として信仰されていた龍良山の北側にある裏八丁角までの周囲八丁は神聖な空間として人は立ち入りできなかったし、ここに逃げ込んだ犯罪者は罪を免除されたという（鈴木正崇「対馬の山岳信仰」『ミュージアム九州』四一、一九九二年）から、卒土は聖域（アジール）であった。このように豆酘の卒土と馬韓の蘇塗は形態が酷似していて、蘇塗を魏でどう発音したかわからないが、現代日本語の発音とはいえ「ソト」の音の一致は無視しがたい。

ソトと似た発音の祭祀関係の言葉が韓国にもある。ソッテで、渡辺誠によれば第一義的に村落の入口に立てることによって境界をはっきりとさせる、境界標示のためであるという（『日韓交流の民族考古学』一九九五年）。そのソッテには鳥竿の文字があてられているように、鳥形をした木製品を高い竿の上にのせて立てている（ときには石のものもある）。さらに渡辺は弥生時代の鳥形木製品（図41）を①村の入口に立てられる村落共同体の守護鳥としてのソッテの鳥、②穀霊を運ぶ鳥、③古墳や墓地に立てられる霊魂を運ぶ鳥、④シャーマンの祭場に立てられる鳥の四類に大別している。そして錦田剛志の分析（「弥生時代の鳥形木製品」『古代文化研究』一、一九九三年）を援用して、①のソッテとしての鳥形木製品は体部を丸彫りにして鳥の姿を立体的に表現したも

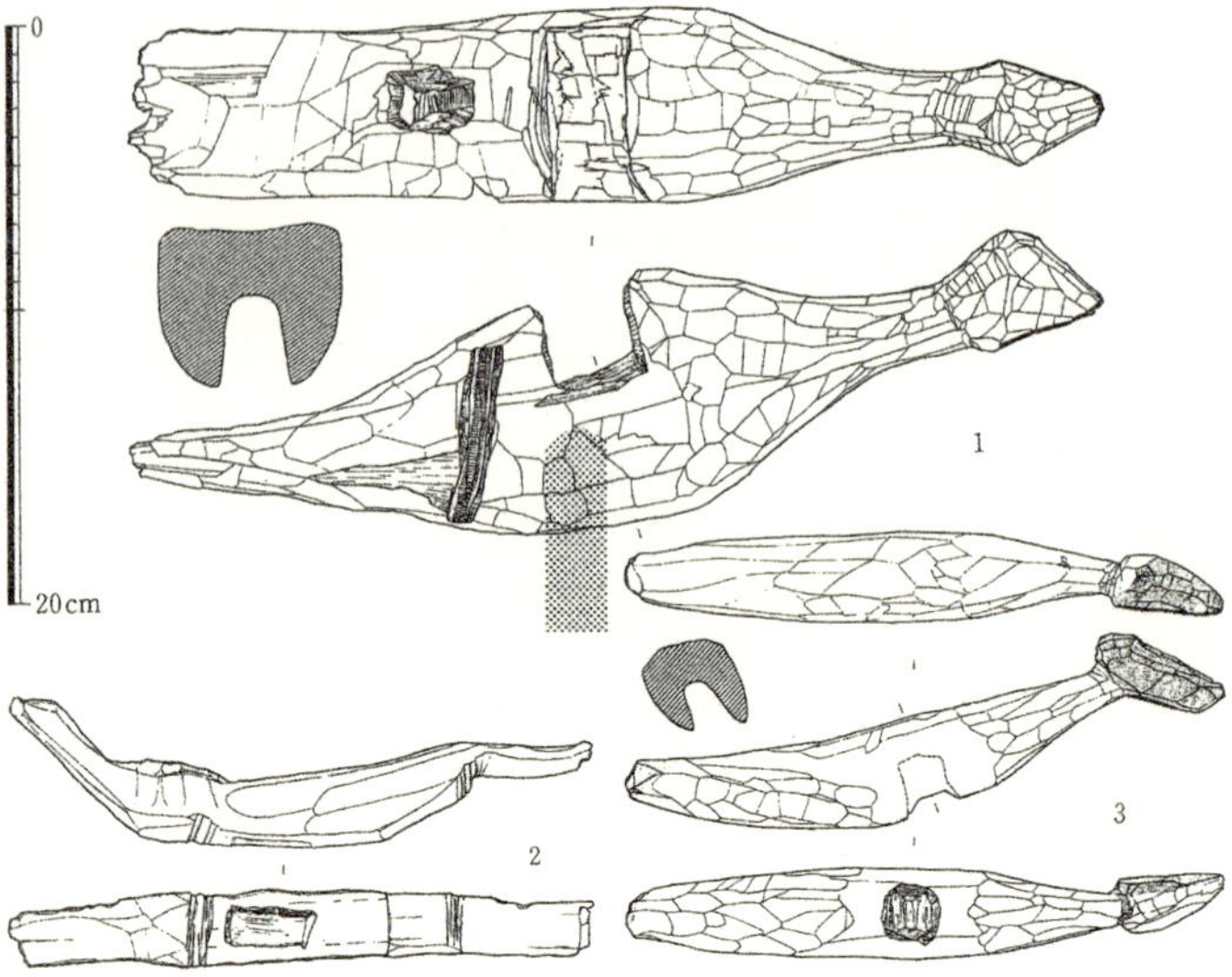


図41　鳥形木製品　1～3：大阪府和泉市池上

ので、胴部下面に貫通孔やほぞ孔が穿《うが》たれていたり、胴部下面に平坦面をもっていたりして、棒または竿状のものに装着できるものに限定する。これには島根県松江市西川津遺跡（前期）、大阪府和泉市池上遺跡（中期前半）、静岡県沼津市雌《め》鹿《が》塚《づか》遺跡（後期）などの出土例が該当し、それが村の入口に立てられるとしている。実際に池上遺跡の例は出土状態から集落の入口に立てられていた可能性が強いとみている。これにたいし長野市榎田遺跡などで知られている扁平な板作りの鳥形木製品はソッテ以外の用途に用いられたとする。

　渡辺は④のシャーマンの祭場に立てられる鳥をソッテとみることをシベリアな

ど他地域のこととして否定する。対馬には今でも鳥形木製品がみられるが、それは③の墓地にかんしてで、豆酘の卒土にも立てられていない。しかしながらシベリアに住むエベンキ人のシャーマンの祭場の図に描かれた人が一人通れるくらいの隙間を空けながら祭場をとりまく鳥竿状の木柵の在りかたは、これなら確かに犯罪者は隙間からアジールに逃げ込むことが可能で馬韓の蘇塗の説明をみる思いがする。

中国西南部から東南アジアにかけての山岳に住む少数民族の村を訪ねると、道と村落の境界の両側に木柱を立てその上に鳥形木製品をおいていたり、両側の木柱を横木で結んでその上に同様のことをする場合がある。後者は日本の鳥居に似ていて、しかも実際に鳥形木製品とはいえ鳥がいるのだから、まさに鳥居である。鳥の有無はわからないが、福岡県夜須町大木遺跡の土器絵画（図3）にも左端に両側の木柱を横木で結んだ形の鳥居が描かれている。こうした①の境界標示としての景観は近年の弥生遺跡の整備にあたって各地でとりいれられている。

そうした事例をふまえても④の祭場の区画もありうると思う。それをソッテというつもりはないが、シベリア例をほうふつとさせる戦国時代中期ごろの中国江蘇省淮陰《ファイイン》県の高庄墓に副葬されていた銅盤内底に刻まれた木柵（図42）と鳥形木製品、蘇塗と卒土の音通からくる聖域感などがそれをうかがわせている。

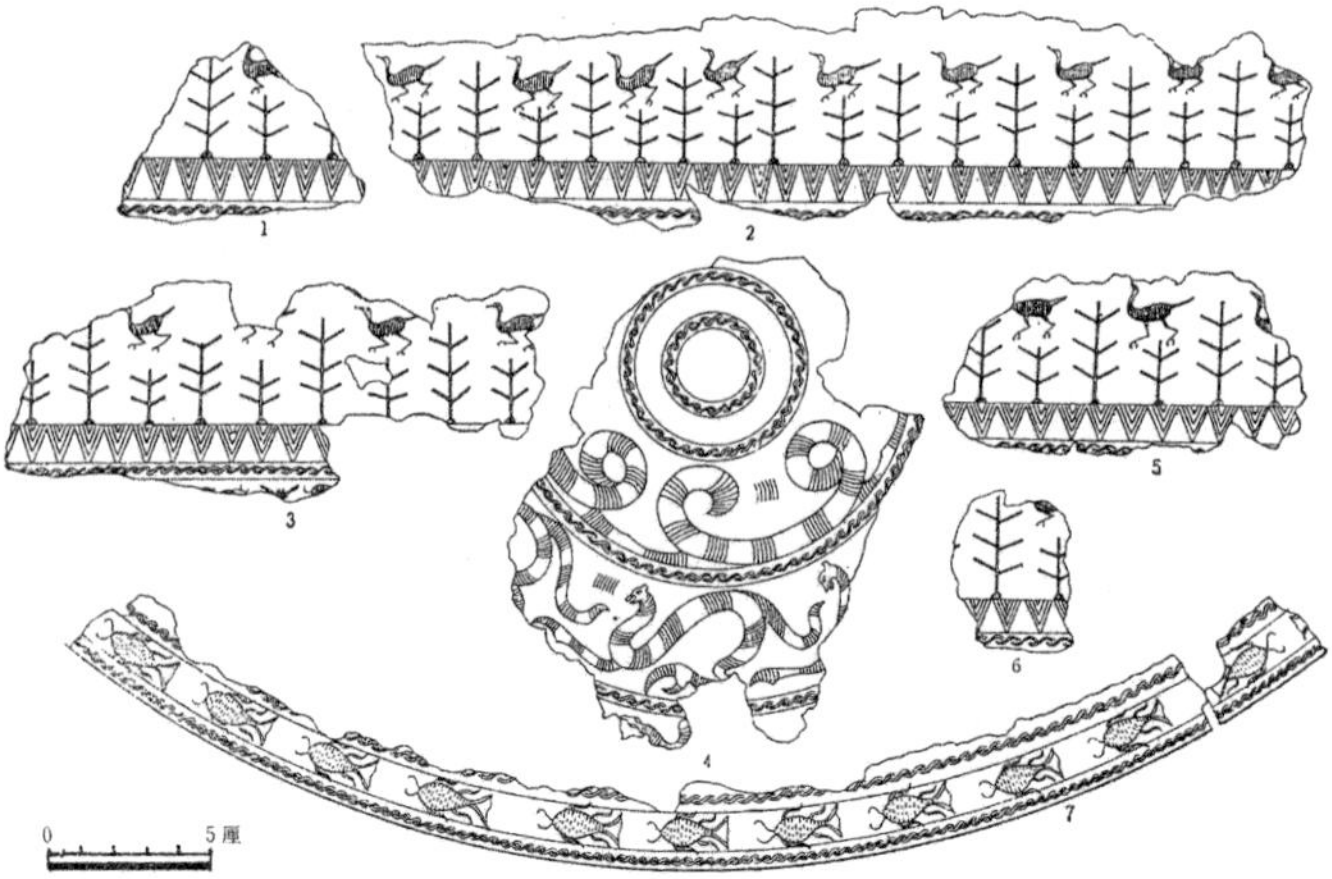

図42　中国江蘇省淮陰県高庄戦国墓出土の銅盆にあらわれた鳥のいる木柵状の立木

## 鳥装する司祭者

弥生人がみずからを描いた図18や図34では頭部を羽で飾ったり、幌のようなものを背負っているが、このような絵はほかにもある。図18の2・3の頭部をみなおすと、岡山県御津町新庄尾上例では口の部分がくちばしになっており、奈良県田原本町清水風例は丸みがなく十字状に表現されている。人間らしさを欠く表現は鳥の仮面をかぶったさまを思い浮かばせる。島根県津和野町弥栄《やさか》神社に室町時代以来伝わっている鷺《さぎ》舞いの行事がこれをほうふつとさせる。

1の奈良県橿原市坪井例が背負う幌状のものも羽飾りであろうと思わせる。そしてそれがまさに羽飾りであることを鳥取県淀江町稲吉角田遺跡から出土した大形の壺に描かれた

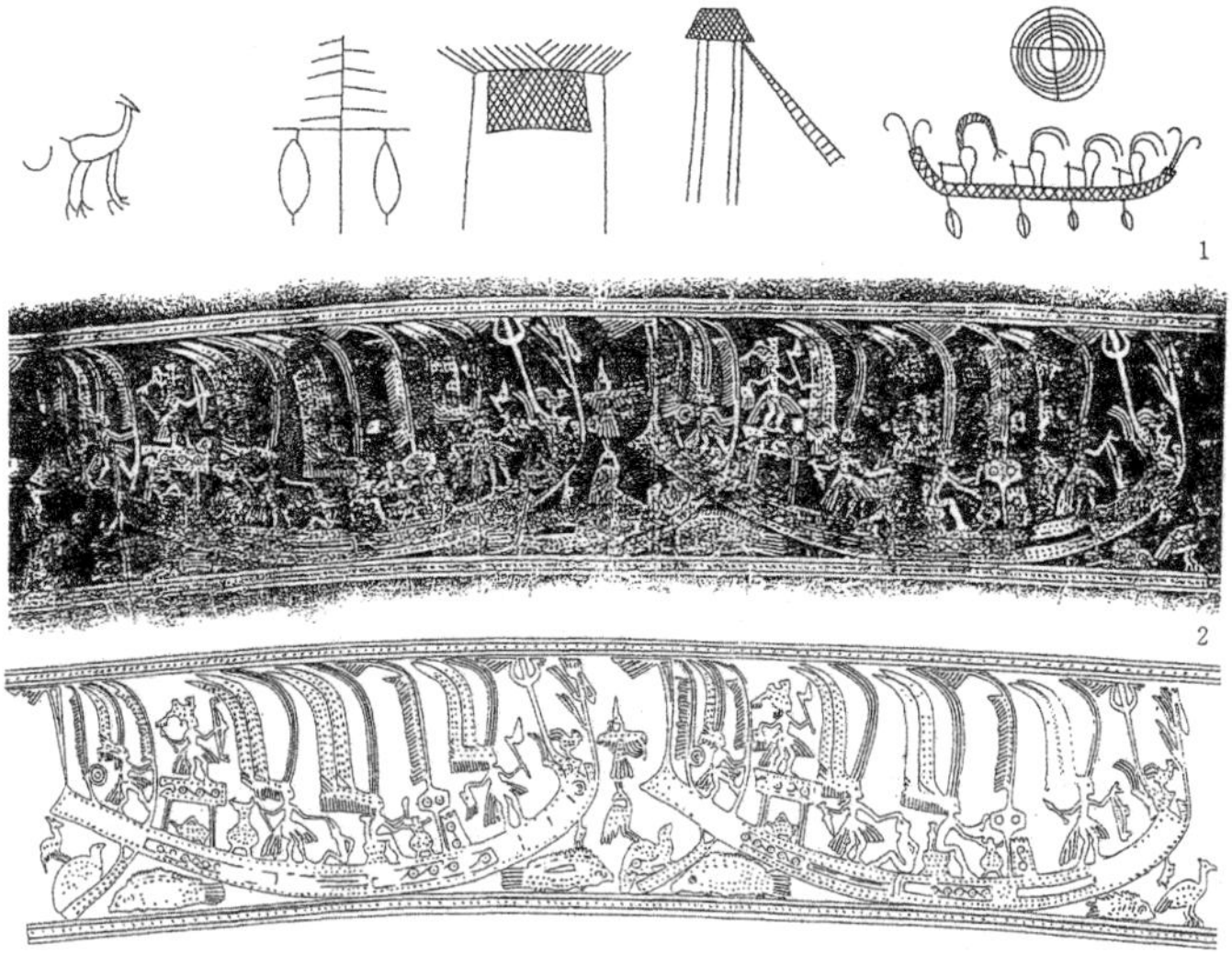

図43　船を漕ぐ鳥装の羽人
1：鳥取県淀江町稲吉角田　2：中国広東省広州市南越王墓

絵物語（図43）が明らかにする。絵には、右にゴンドラ形の船を漕ぐ人びとがのっており、いずれの頭部にも幌状の表現がある。これと同じような表現は前漢に属する雲南省晋寧県石寨山漢墓の銅鼓や広東省広州市の南越王、趙《ちょう》眜《べっ》の墓から出土した銅提など中国の華南地方の遺跡から出土している。参考に南越王墓の銅提の図をつけているが、ゴンドラ形の船に頭部に羽飾りをした人物がのっている。石寨山漢墓の銅鼓では漕ぎ手とは別に鳥装の人物がいて、先頭の鳥装の人は船を漕いでいる。これらの構図は巧拙の差はあっても稲吉角田とまったく同じといって過言でなく、これによって羽飾りであることが歴然とする。中国の鳥装の人物は羽人とよばれる司祭者であり、稲吉角田もその例になる。

その船の行く手には長く延びる梯子がかけられた高殿と穀倉らしい建物がある。高殿建物は平安時代に一六丈（約四八メートル）あったと伝えられ、それ以前はさらに高大であったという出雲大社本殿を思わせるから、神殿であろう。穀倉らしい建物は銅鐸絵画や土器絵画に描かれた掘立柱建物にみられない表現になっている。民俗例であるが長崎県厳原町豆酘に伝わる農耕儀礼が参考になる。十月十七日に祭祀耕作田でとれた新穀の種籾《たねもみ》の詰まった俵を当番にあたった当屋（頭屋）の本座（座敷）の天井から吊り下げる「お吊りまし」という厳粛な行事がある。この俵は「頭受け神事」で翌年の当屋に引き継がれ、田植えの四五日前に「種下ろし」をして御神体の種籾を下ろし、清めた後に苗代田《なわしろ》に播《ま》く（城田吉六『対馬・赤米の村』一九七七年）。その種籾の詰まった俵を考えさせるから、やはり穀倉だろう。

その右に横枝を張ってラグビーボール状のものが吊られた木があり、シカがいる。木を立柱と考え、聞く銅鐸では吊して共鳴させるという事実と『魏志』「韓伝」にいう大木を立てて鈴鼓をかけるという記事を参考にするならば、これは立柱に鈴の仲間である銅鐸を吊しているとみることができる。銅鐸にしては下端の表現がおかしいが、舌とみられる線もあり、問題はなかろう。シカはすでに述べたようにコメの豊穣を祈る犠牲獣である。

つまり稲吉角田の絵物語は、羽飾りで頭部を飾った司祭者がめざす先には神殿と稲魂《いなだま》の宿る穀倉があり、ムラの広場には大木を立てた蘇塗（祭場）が設けられ、そこには下種の祭祀の犠牲になるシカがいるという構成で、全体として田植えが終わった後の農耕祭祀の光景をあらしている。

図44　再現された下種（田植え）の祭儀

**祭りの再現**

これらの資料をまとめて弥生時代の祭儀の光景が大阪府立弥生文化博物館で再現されている（図44）。鳥の仮面を着け、両袖の文様の異なる衣服やマントをまとう司祭者の姿は、坪井や新庄尾上・清水風の土器絵画からイメージされ、鳥形木製品をのせた木柵で日常空間と隔絶された聖域の中央には大木があり、そのまわりで人びとは歌舞飲酒して祭りを楽しんでいる。この図では自然の大木に銅鐸が吊られているが、この構図は稲吉角田の絵と「韓伝」・「倭人伝」の情報からきている。ただ自然木の表現は修正の必要が生じている。須玖遺跡群の一角にある福岡県春日市立石遺跡では、一本柱の遺構が四ヵ所検出されていて、祭りのたびに柱が立て替えられる様子を偲ばせているからである。この例は墓地にあり葬送にともなう祭祀で使われたのであろうが、長野県の諏訪神社の御柱祭のように祭祀のときに柱を立てる習俗があったことを示している。とはいっても弥生の祭儀の光景はおおむねこの絵のようなものだったろうと思っている。

# 呪術の世界

弥生人の信仰を示す考古資料は葬送儀礼や農耕儀礼にかんしての、先に述べたような動的なものばかりではない。その典型が、近年、鳥取県青谷町青谷上寺《かみじ》地《ち》遺跡で一六〇点もの大量に出土した卜骨《ぼっこつ》にみられる。

## 卜骨での占い

東アジア世界における卜骨の出土例は近年急速に資料を増やしている。韓国では全羅南道海南郡郡谷里や慶尚南道泗川市勒島・金海市府院洞など南海岸にそった遺跡で出土する特色をもっている。日本でも青谷上寺地遺跡のほかに、長崎県対馬の上県《かみあがた》町志多留貝塚や壱岐の原の辻遺跡など韓国との交流の道筋から長野県更埴《こうしょく》市生仁《なまに》遺跡や神奈川県三浦市間口洞窟、千葉県市原市菊間遺跡などの東日本におよぶ広い範囲にみられる。前期と思われる島根県鹿島町古浦遺跡以降類例が知られ、中期には卜骨資料が多く知られている関東地方におよんでおり、現在三二遺跡で三〇〇点を超える量が出土している。

卜骨の研究をすすめている神沢勇一は卜骨を五型式に分類する（「呪術の世界」『弥生人のまつり』一九九〇年）が、弥生時代の遺跡から出土する卜骨は、そのすべてが骨の表面をわずかに磨いてそこを点状に焼灼《しょうしゃく》する第II型式に属する（図45）。卜骨に用いられる素材は圧倒的にシカの肩甲骨でありイノシシがこれに次いでいる。弥生時代に併行する時期の韓国で出土する卜骨も第II型式に相当する。生仁遺跡の例はシカの肩甲骨に火箸状のもので約三〇ヵ所もの焼灼痕があったが、このような卜骨を点状に焼灼する方式は商の最後の都である殷《いん》（殷墟、河南省安陽市）にみられるところから、そこからの系譜の延長にあると考えられる。韓国南海岸から対馬・壱岐にはじまる列島の各地での出土はまさに卜骨の道を示している。

卜骨を使う倭人の習俗について、『魏志』「倭人伝」は行事を行ったり、旅に出かけたり、あるいは何か事を起こすときには、「輒《すなわ》ち骨を灼《や》きて卜《ぼく》し、以《もっ》て吉凶を占い、先《ま》ず卜する所を告ぐ。その辞は令亀《れいき》の法の如く、火坼《かたく》を視て兆を占う」と具体的に述べている。要するに占い師は相談者から占ってもらいたいことの内容を聞き、焼いてできた割れ目をみて事のよしあしを判断し、中国の亀卜《きぼく》に似た言葉で占いの内容を告げるという。この記述は出土卜骨という考古資料が明らかにした事実と矛盾するところがなく、このように使われていたとみている。

卜骨ではないが、「倭人伝」は行来・渡海などのさいに一人の「持衰《じさい》」を同行する習俗を伝え

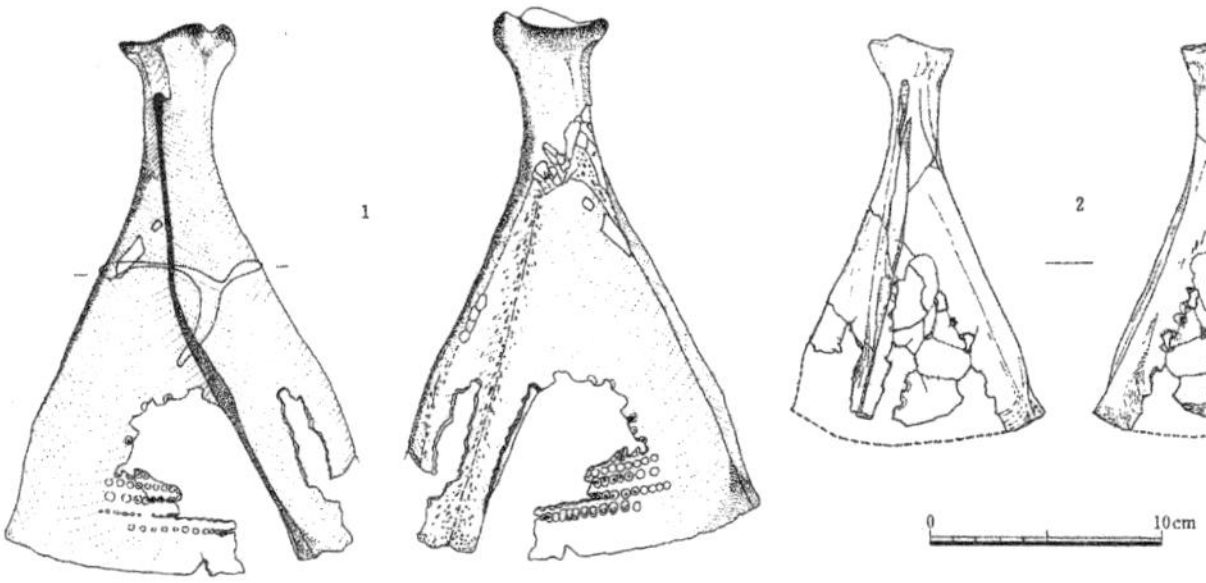


図45　吉凶を占った卜骨

1：韓国全羅南道郡谷里　2：長崎県勝本町カラカミ

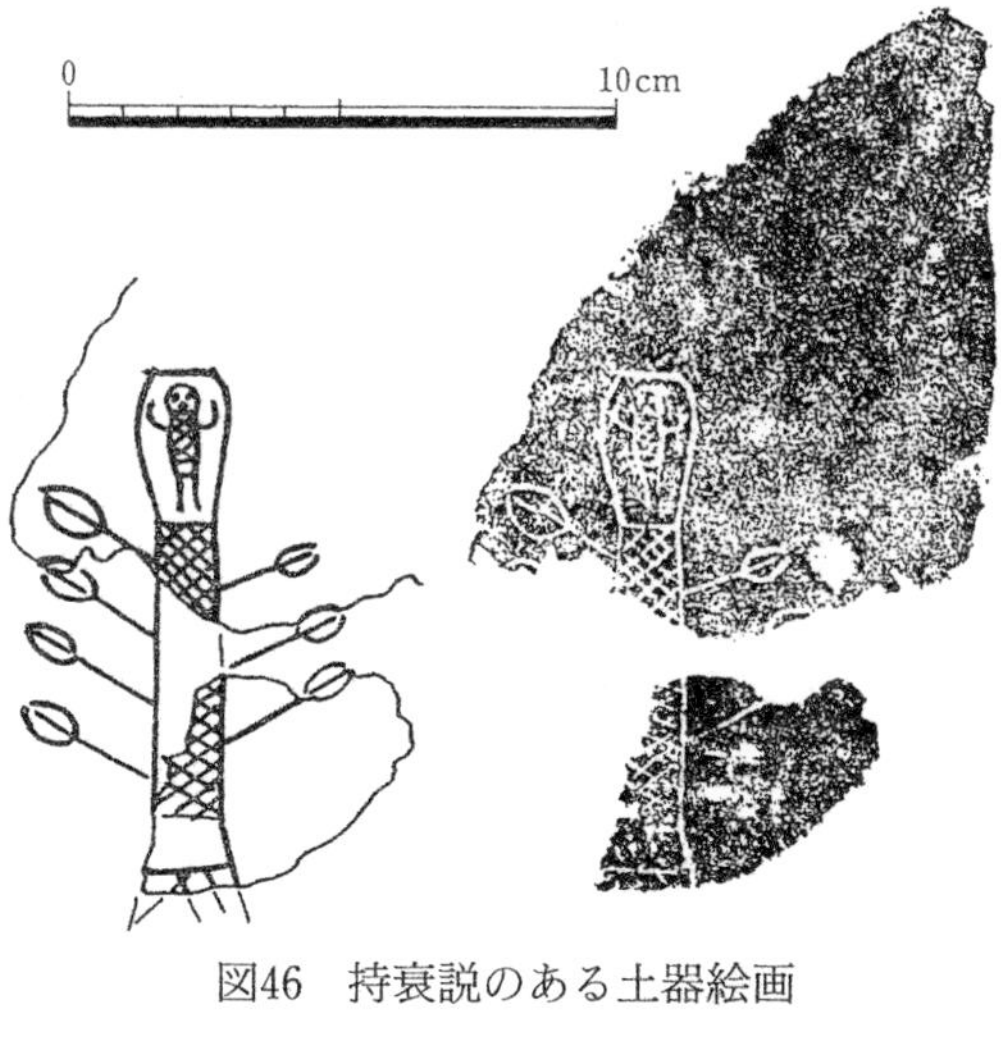


図46　持衰説のある土器絵画

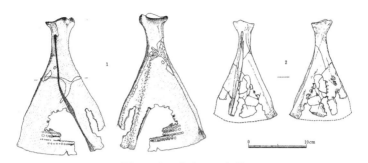

る。持衰は旅の途中は肉を食べず婦人を近づけず、着のみ着のままの不潔な状態のままに過ごすが、結果が善ければ生口《せいこう》（奴隷や捕虜などと考えられている）や財物をもらえるが、病人が出たり暴風に遭ったりすると身を謹まなかったとして殺されてしまう、という。その実像はわからないが、奈良県田原本町唐古・鍵遺跡で出土した絵画土器に船の船尾部分を描いたものがあり、そこに両手を広げ寝ているように描かれている人物（図46）を豊岡卓之は持衰とみている。これだけでは判断できないが、櫂《かい》とは離れた場所にいるから漕ぎ手ではなく、持衰の可能性はあると思っている。

### 祈り信じた鬼神・鬼道

『魏志』は「韓伝」で「鬼神を祭り」「鬼神を信じ」「鬼神に事《つか》う」、「倭人伝」では卑弥呼が「鬼道に事え、能く衆を惑わす」というように、韓や倭の人びとの信仰を鬼神・鬼道という表現であらわしている。鬼道は『魏志』「張魯伝」では中国の民間で広まっていた道教的宗教である五斗米道《ごとべいどう》をさしているが、巫術《ふじゅつ》や妖術《ようじゅつ》の意味もあり、魏の人には理解できない原始的な宗教観をもっているととらえていたということだろう。鬼神も同様に考えてよい。

弥生人の原始的な宗教観と漢・魏の民間ではやっていた道教的宗教は、相互に関係がなくとも、東アジアの土俗的な共通性から似た部分があったことは想像に難くない。だが道教に根ざした思想が伝わっていた可能性を示す資料もある。

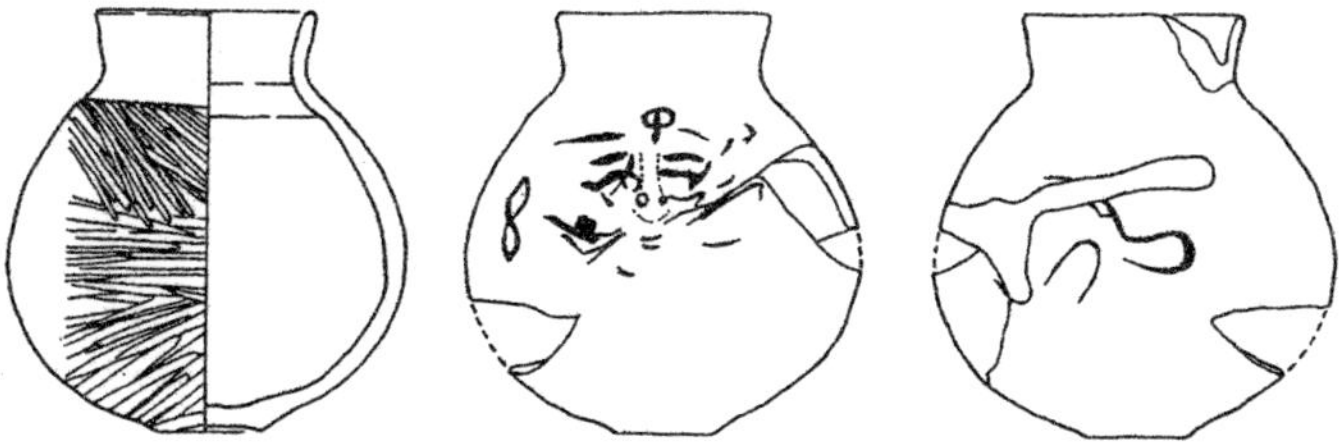

図47　弥生時代の人面墨書土器

三重県嬉野町貝蔵遺跡から出土した弥生時代後期末くらいの時期の壺に人の顔が墨で描かれている例がある（図47）。顔は眉・目・口・髭を墨で描き、鼻の部分には粘土を貼っていたように白く痕が残っている。片側には耳も墨で表現されている。この例は墨書する点に特徴があるばかりでなく、図22などで紹介した土器に人面を線刻する例とは異なって、むしろ奈良時代から平安時代初期にかけて流行する人面墨書土器と構図が一致する。人面墨書土器は疾病や災厄を祓《はら》うものとして、それらの業苦を背負い、川などに流され地中に埋められた（水野正好「人面墨書土器」『古代の顔』一九八二年）。その祖形となる呪文とともに人面を描く木簡が漢代にあり、この民間の信仰が道教に吸収されていくことを考えれば、東野治之が指摘するように三世紀の貝蔵遺跡で出土した人面墨書土器に道教的信仰の影響があっても不思議ではない（「貝蔵遺跡の人面土器のもつ意味」『〈墨・文字・顔〉〜最古の墨書が語るもの』一九九八年）。古墳時代に類例がないからそれが定着したとはいえないにしても、交流の流れにのって道教的信仰が伝来するのはありうることであろう。

ただ一点の資料ながら、これが東海地方で出土したことを考慮すると、ある程度の普及を考えておく必要がある。卜骨にともなってその背後にある道教的な信仰が伝わってきていた可能性を、今や、視野にいれておく必要が生じてきている。

# 弥生人からのメッセージ

# 描かれた情報

## 弥生人みずからの情報

考古学は、浜田耕作の定義を横山浩一が「考古学とは過去の人類の物質的遺物を資料として人類の過去を研究する学問である」と現代風にいいあらためた（「考古学とはどんな学問か」『日本考古学を学ぶ』一、一九七八年）ように、考古資料と総称される主に発掘調査によって得られた遺跡・遺構・遺物のもたらす情報をもとにして人類の過去を明らかにしようと実証・実践・模索している。考古資料に基盤をおき、そこからできるかぎりの情報を取り出さなければならないが、書き残された文献記録や民俗として遺存する風俗習慣、さらには世界各地の民族誌なども大いに活用できる。しかしそれでも得られた成果の多くは一つの解釈であって、各種資料の分析がいかに完璧であっても、事実と異なることが、ときにある。

島根県斐川《ひかわ》町神庭《かんば》荒神谷遺跡で三五八口もの中細銅剣の一括埋納遺構が発見される以前に、列島では細形・中細・中広・平形に大別される銅剣のすべてを合わせても、二八五口しか出土していなかった（岩永省三「日本青銅武器出土地名表」『青銅の武器』一九八〇年）。山口県（旧長門国部分）・島根県・鳥取県を合わせても銅剣の出土は一九口で、銅矛《どうほこ》・銅戈《どうか》・銅鐸《どうたく》の出土例はいっそう少なく、この段階で弥生時代の山陰地方を青銅器文化の希薄地帯とする解釈は評価できた。しかし神庭荒神谷遺跡で別の埋納遺構から中細・中広銅矛一六口、銅鐸六個が出土し、さらに加茂町の加茂岩倉遺跡で三九個もの銅鐸の一括埋納遺構が知られた現時点で、先の解釈は通用しない。万全の資料が獲得できていない段階では、ときとして解釈が事実と乖離《かいり》することも起こりうることがある。

とはいっても万全の資料を期待できない考古学では、みずからは何も語らない考古資料からできるだけ多くの情報を引き出さなければならない。ところがまれにみずから現代に弥生の情報を直接伝えてくれる資料がある。土器や銅鐸をキャンバスに描写された絵画であり、土器に書かれ刻まれた文字である。

## 銅鐸絵画が伝える農耕讃歌

本書ではこれまでも土器に描かれた絵画資料を使いながら弥生人の生活誌をひもといてきた。同じような絵画資料に銅鐸絵画があり、近年、佐原眞や春成秀爾によって解釈が深められている（『原始絵画』一九九七年）。そこでこれまでの研究成果を参考にしながら、弥生人が伝えようとしたメッセージを銅鐸絵画から読んでみることにする。

兵庫県神戸市桜ケ丘遺跡から出土した一四個の銅鐸のうちの四号鐸と五号鐸、江戸時代に讃岐国から出土したと伝えられている伝香川鐸、江戸時代の画家谷文晁《たにぶんちょう》が愛蔵していたと伝えられる拓本《たくほん》が現存する谷旧蔵鐸の四個には共通した画題が鋳出《いだ》されている。画題の変遷を検討した佐原眞は桜ケ丘五号鐸、桜ケ丘四号鐸、谷旧蔵鐸、そして伝香川鐸の順序で作られたと考証している（「三十四のキャンバス」『考古学論考』一九八二年）。佐原の論考を手がかりに、多彩な画題が盛り込まれた銅鐸絵画の白眉《はくび》ともいえる伝香川鐸の語りかけを受けとめてみよう。

伝香川鐸の画題はA面・B面ともに六区画一二図で構成されていて（図48）、物語り風に弥生人がメッセージを伝えてくれている。A面は動物文が主で、上段から下段へ、左から右へみると、下段右を除いて、トンボ、カマキリとクモ、スッポン、二羽のサギ、イモリとスッポンと各種の動物が描かれている。クモをアメンボウとする見方もありそのほうがわかりやすいが、八本足のアメンボウはいないと佐原は否定する。サギは先行する谷旧蔵鐸ではフナのような魚をついばんでいるし、この場面でも二羽が魚を食べている。イモリはトカゲもしくはサンショウウオともみられているが、スッポンと共棲しているから、イモリかサンショウウオの可能性が大きいと思う。なにやら水田の生きものの雰囲気がある。

右下の一区画は、イノシシを射ようとする狩人と五頭の猟犬が描かれる。イヌは食材としてばかりでなく、猟犬として活用されていたことを雄弁に語ってくれている。

B面には、上段にA面と同じようにイモリとトンボが配されるが、中下段は大きく変わる。中段左の○頭の男性がもっている工字形をした道具は、機織《はたお》りに必要な桛《かせ》である（布目順郎「銅鐸

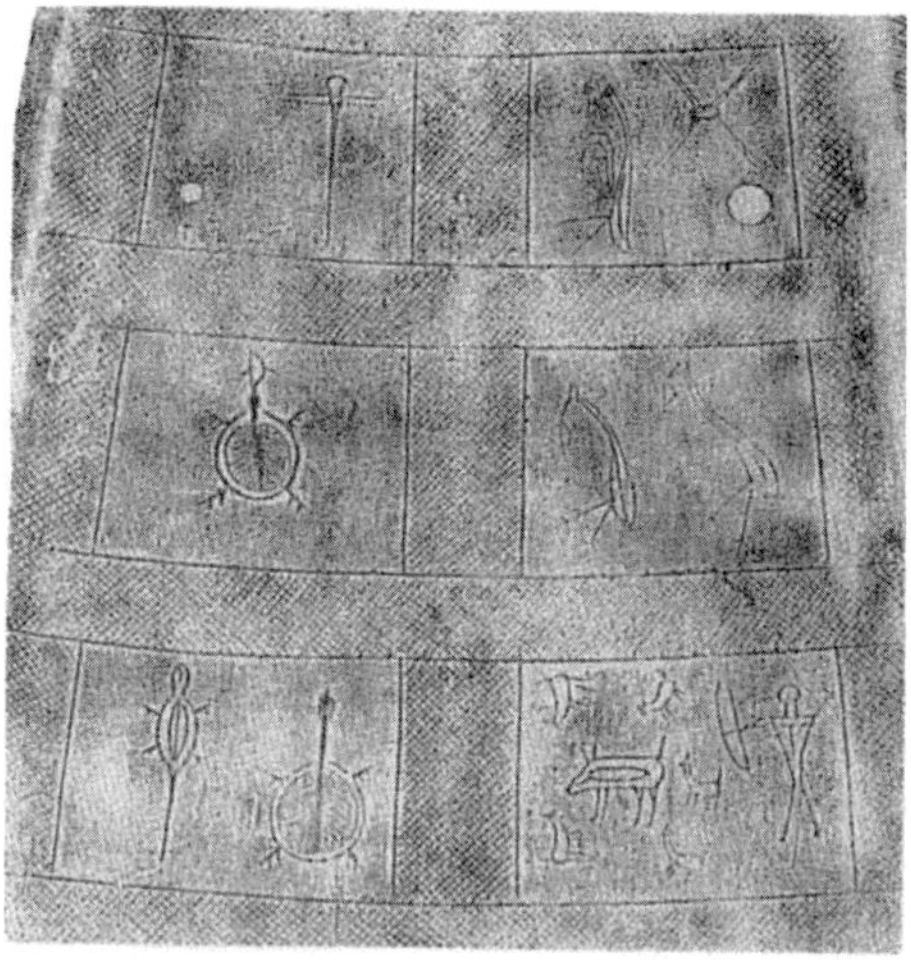

A面

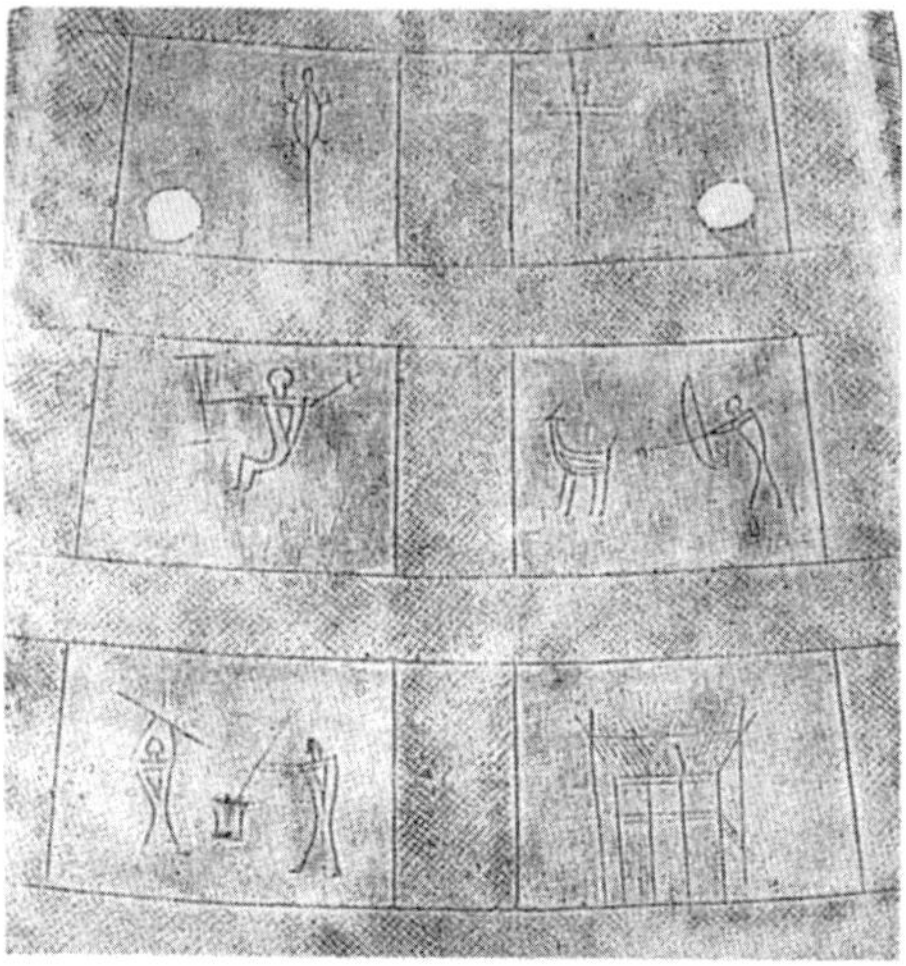

B面

図48　伝香川鐸が語る農耕讃歌

の〈I字型器具を持った人物〉画像について」『考古学雑誌』三六―二、一九五〇年など）とか踊る姿である（高橋健自『日本原始絵画』一九二七年など）などと解釈されてきた。しかし初出の桜ケ丘五号鐸でみるとI字形をしていて、しかもこの人物の足元に魚が泳いでいて水の満ちた水田を思い浮かばせるから、もっているのは水にかんする道具である。そこで水田を水平にととのえるための水準器（甲元眞之「弥生文化の系譜」『歴史公論』四―三、一九七八年など）、あるいは魚を取る（釣る？）ための一種の漁具（佐原前掲論文）とする説が生じる。ふつう魚取りは男性の仕事だが、『万葉集』でみると船を利用した漁は男性中心であるものの釣りは女性も携わっているから、魚取りにはやや疑問がある。桜ケ丘五号鐸ではこの男性の足元に魚が配されているから、伝香川鐸でも本来は魚が泳ぐ場面ということになる。魚が泳ぐ水田は水が満ちているから水準器を使わなくとも水平がわかる。しかし次のような理由でこれはやはり水準器を使っている男性と考えている。

火《か》耕《こう》水《すい》耨《じょく》という言葉があるが、江藤彰彦からこれを考えさせる焼田ともよべる事例がインドネシアにあることを教えられた。焼畑はふつう山の斜面で行われるが、平地であっても人手がはいる前には草や樹木が繁茂している。そこで草木を焼き払い、大きな木はそのまま埋めて水田を区画する畦《あぜ》の骨格に利用する。この繰り返しで、すでに開墾された水田の横に、年々、新たな水田が開拓されていく。弥生のムラでもありうることである。I字形器具はやはり、魚の泳ぐ水田の隣りで水準器を使い凹凸を補正しながら新田づくりをすすめている、そういう情景であろう。

その右にはA面のイノシシに替えてシカを射る男性の図がある。これはシカを捕らえ、その腹を割いて血のなかに稲を播いたところ、一夜にして苗が育ったのでそれを植えたという『播磨国風土記』讃容郡《さよのこおり》条の記事が参考になる。毎年新たに生え変わる角（鹿茸《ろくじょう》）をもつシカの血に稲を発芽させる強い生命力を感じていたわけで、播種にあたってその生命力を稲の成長にさずかろうとする、シカを犠牲にする祭祀《さいし》（平林章仁『鹿と鳥の文化史』一九九二年）の一場面であろう。下段左は二人の女性が杵と臼を使って脱穀しており、右には倉庫らしい高床建物がある。

このようにみると伝香川鐸の画題は、鳥取県淀江町稲吉角田遺跡の壺に描かれた農耕収穫祭祀図や、中国雲南省石寨山一二号漢墓の銅鼓形貯貝器の収穫祭祀図などと同じような、水田稲作とその儀礼の雰囲気をかもしだしている。それを手がかりにB面を上段からS字状に読むと、トンボが飛びイモリが棲む水田の隣で新田が造成され、豊穣を祈るシカを犠牲とする祭祀を終えたら田植えをはじめ、秋になると豊かな実りを穀倉に納め、実りの多さを喜んで新しいコメを脱穀するという一連の農作業の過程ということになる。小林行雄が唱え（小林行雄『古墳の話』一九五九年）、佐原眞が支持した農耕讃歌（佐原前掲論文）だが、新田造成から喜びの脱穀にいたるもっと深い内容がここには込められている。

同様にA面を読むと、こちらは右下がイノシシの狩猟図でほかの五区画とは違和感がある。五区画にはスッポンやイモリ・サギなど水辺の生きものが描かれる。クモやカマキリは水辺に関係なさそうだが、水辺の雑草や樹木にはいくらでもいる。秋津《あきつ》の異名をもつトンボは日本のことを秋津島というくらいに秋の水辺の風物詩になっている。いずれも水辺の雰囲気をただよわせている。イノシシの狩猟図はそのままにみればよい。だからこれを逆S字状に読むと、昔は草木の繁茂した水辺からイノシシ狩りをした山裾《やますそ》まで、今は開墾して水田にすることができたという水田造成前の回想の場面になる。

つまりA面（水田造成前）で水田をつくりあげるにいたる労苦を回想し、B面（水田造成後）では実り豊かなコメを収穫できるようになった喜びを表現する、一六コマの連作農耕讃歌になる。同時に画題の発想にアジア的広がりがみてとれる。

# 文字の理解

## 四・五世紀の文字

日本列島に文字が伝わったのは弥生時代の中期後半、紀元前一世紀後半のころであった。「絜清白而事君」「内清質以昭明」「見日之光」などではじまる前漢鏡の銘文であり、銅銭に鋳出《いだ》された「五銖」の文字だったが、それはたまたま漢字のある文物がもたらされたということであって、弥生人がつくった仿製鏡《ぼうせいきょう》では漢字が抽象化され獣形に表現されているように、その理解については否定的に考えられていた。

否定的な考えかたは倭人の漢字使用を示す考古資料が五世紀代からであるということに裏づけられていた。具体例を挙げると「癸未年八月日十大王年男弟王在意柴沙加宮時」云々とある和歌山県橋本市隅田八幡宮蔵画像鏡銘や、「辛亥年七月中記……獲加多支鹵大王寺在斯鬼宮時」云々と一一五字におよぶ長文が金象嵌《ぞうがん》された埼玉県行田市稲荷山古墳出土鉄剣銘などがある。癸未《きび》年や辛亥《しんがい》年は六〇年ごとに繰り返す干支だから、その実年については諸説があるが、それぞれを四四三年、四七一年とする説が有力に考えられている。銘文の一部をとりだしたが、「意柴沙加宮（おしさかのみや）」「獲加多支鹵大王（わかたけるのおおきみ）」「斯鬼宮（しきのみや）」などと漢字のもつ本来の意味とその音を借りてみずからの言葉を巧みに表現した万葉仮名的使用法に、漢字の十分な理解が示されている。五世紀代に漢字を理解したうえで使用した例はほかにも千葉県市原市稲荷台一号墳出土鉄剣銘、熊本県菊水町江田船山古墳出土鉄剣銘、京都市幡枝古墳出土四獣鏡銘などで知られている。

このように五世紀代の倭人が漢字を識っていたことは確実であるが、近年の発掘調査は漢字使用の開始期をしだいにさかのぼらせている。

その契機は、古墳時代だが、三重県嬉野《うれしの》町片部遺跡から出土した四世紀代の小形の鉢に墨書された「田」字の検出にあった。発見当初はこれを文字とみることを疑問視する声もあったが、嬉野町教育委員会の努力もあって墨書であることが明らかになり、筆順の検討をへて漢字である可能性が確実になっている（和気清章「片部・貝蔵遺跡の墨書土器」『考古学ジャーナル』四四〇、一九九九年）。同じ四世紀代の文字は、熊本県玉名市柳町遺跡で出土した木製鎧留め具から墨書された複数の文字が検出され、「田」字が判読されている。

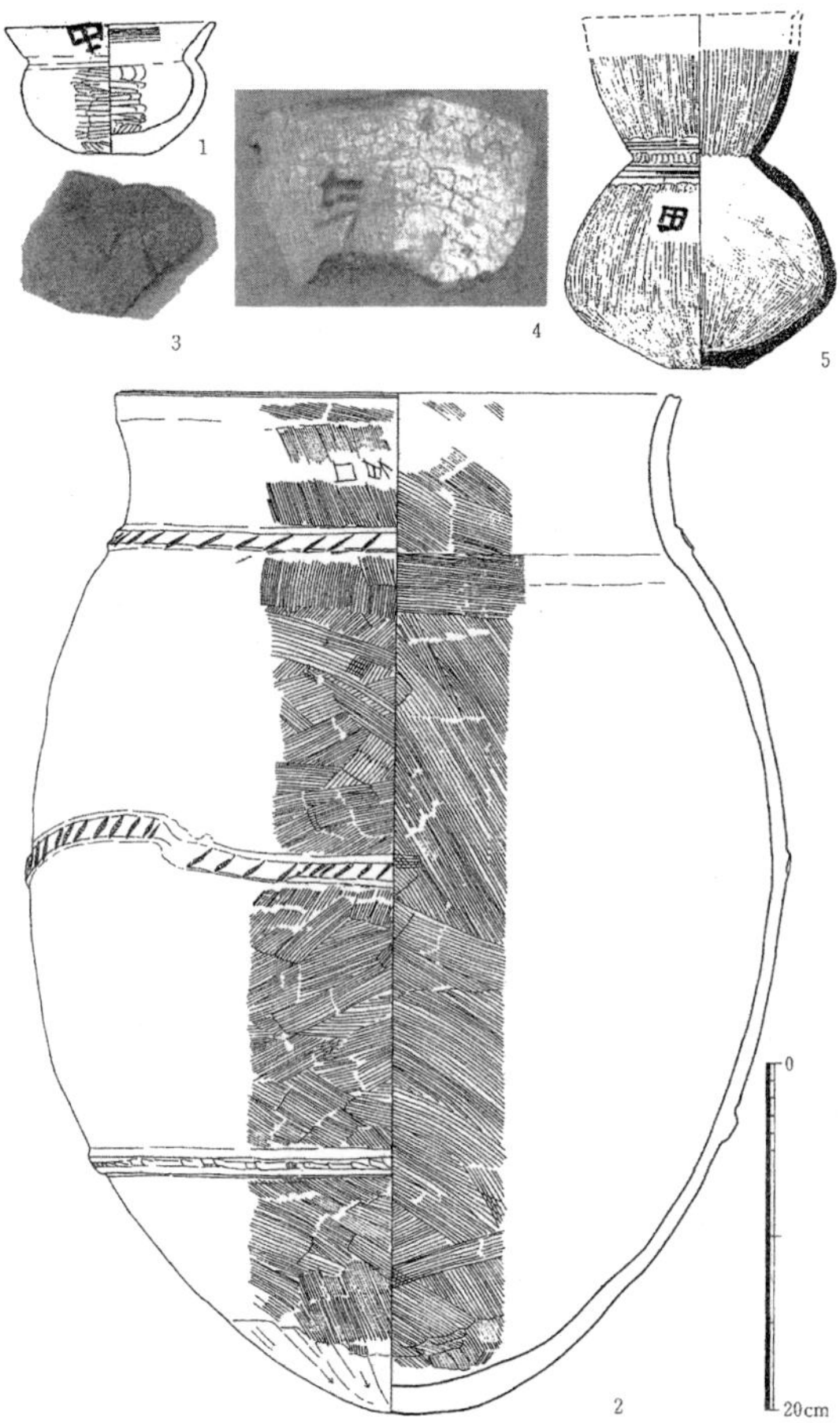


図49　初期の漢字資料

1：三重県嬉野町片部（田）　2：福岡県前原市八龍（竟？）　3：長野県木島平村根塚（大）　4：三重県安濃町大城（奉？）　5：三重県嬉野町貝蔵（田）

## 弥生人が墨書・刻書した土器

最古の文字資料はしだいに三世紀代へとさかのぼる（図49）。まず福岡県前原市三雲八龍遺跡出土の甕《かめ》の頸部《けいぶ》に刻まれ記号と判断されていた資料が再評価され、平川南によって鏡を意味する「竟」と解読された（「福岡県前原市三雲遺跡群の刻書土器」『考古学ジャーナル』四四〇、一九九九年）。私にはまだ二字にもみえるが、平川の筆順の説明は十分に納得でき、「竟」の可能性も強いとみている。近くにある楽浪系土器が多出する番上遺跡は『魏志』「倭人伝」にいう「郡使の往来常に駐まる所」の主要な候補地とみなされていて（武末純一「弥生中期の人々と文字」『西日本文化』三〇〇号、一九九四年）、漢字使用の好環境にある。長野県木島平村根塚遺跡からも「大」と読める文字が刻まれた土器片が検出されている。

これら二例はいずれも刻書であったが、先の片部遺跡に接する三重県嬉野町貝蔵《かいぞう》遺跡から筆と墨を使用した三世紀初頭の人面墨書のある壺が出土している（図47）。奈良時代に多くみられ道教系の祭祀に用いられたと考えられている人面墨書土器が三世紀代に存在すること自体大きな問題であるが、ここでは確実な墨と筆の使用の実例として評価しておきたい。

三重県貝蔵遺跡にはほかにも墨書土器の破片があるが、一九九九年に、二世紀後半の「田」字を墨書した壺が検出され、現在の時点で最古の墨書文字資料となっている。また同じ三重県安濃《あのう》町大城遺跡からは二世紀半ばとみられる高杯の脚部に刻書された例があり、「奉」「幸」「年」「与」などと読みが安定していないが、最古の漢字と思われる。したがって漢字の伝来は二世紀までさかのぼることになり、それが東海地方に波及していることを参考にすれば、すでに相当の浸透すら想定される状況にいたっている。弥生人は、一部ではあろうが、漢字を識っていたのである。

## 漢字を識る必要性

弥生人は漢字を識っていた可能性が高まってきている。ではなぜ漢字を必要としたのであろうか。その一つに中国（漢）との間の文書外交の展開がある。

弥生時代から古墳時代への過渡期にあたる三世紀の倭人社会を活写した『魏志』「倭人伝」によれば、景初三年（二三九）に使節を派遣した卑弥呼《ひみこ》は魏《ぎ》から「親魏倭王」金印や錦帛・五尺刀・銅鏡などを下賜される。その場面は「皆装封して難升米《なんしようまい》・牛利《ぐり》に付す。還り到らば録受し」云々と描写されているが、これは下賜の現物を目の前でみせ、行李《こうり》（荷物箱）に収納して封緘《ふうかん》し、目録のみを渡したという意味で、現物は翌正始元年に建中校尉梯儁《ていしゅん》という遣倭使節が持参する。印はこの封緘のときに必要不可欠の道具となる。別の個所に「郡（帯方郡）の倭に使するや、皆津に臨みて捜露し、文書・賜遺の物を伝送して女王に詣らしめ、差錯するを得ず」とある。これは現在の税関のような行為が港で厳密に行われていて、港で荷物の検査をするときに先に渡された目録と現物を対照し、「文書・賜遺の物」の受け渡しに誤りを許さないということである。「文書」の存在が明記されているし、目録と現物とを対照する行為も漢字の意味が理解できなければ成立しない。難升米と都市牛利の場合は、前年にまず目録を受け取って帰国し、翌年に梯儁が来倭したときに、港（福岡県志摩町御床遺跡と考えている）で彼の持参した品々と目録を照合したと

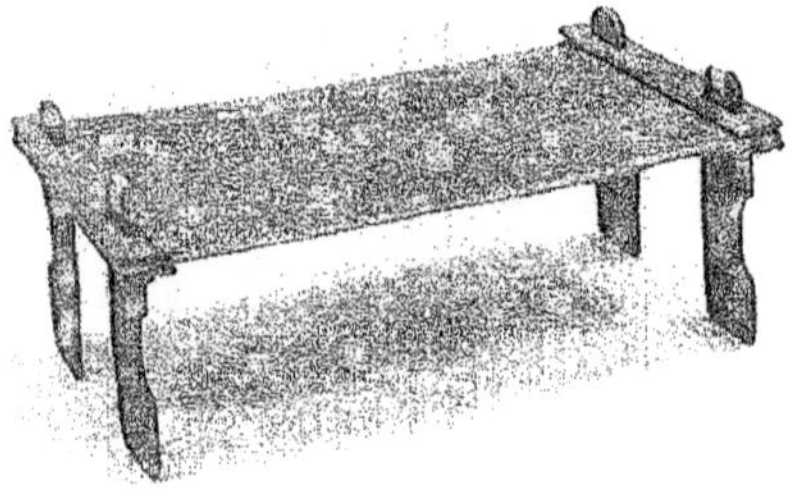

図50　雀居遺跡の木製机（案）
（出土した部品を組み合わせて復原）

いうことになり、倭人社会には漢字を読解できる人がいたことになる。また倭王卑弥呼は梯儁の帰国に際して「使に因って上表し、詔恩を答謝」しているが、これは「表」の書式にしたがって感謝の気持ちを上呈したということであって、ここにも漢字使用が明記されている。この場合の表は親書だからことに厳重に装封されたであろうが、卑弥呼が中国の求める文書外交を実践していたならば、その封緘に「親魏倭王」金印が捺《お》されたに違いない。

　卑弥呼の時代に文書外交を展開するには相応の漢字習熟の準備期間が必要になる。その習熟の準備期間にあたる弥生時代、ことに後期の弥生人は二・三世紀の文字資料や人面墨書土器が示すように、筆を使用するなど相当に漢字を習得していた可能性がある。福岡市雀居遺跡出土の木製案《あん》（机）がそれを傍証する。雀居遺跡の組合せ式案は部品が完全に揃っていて、経机《きょうぎ》を思わせる形状をしている（図50）。これまでにも用途不明とされてきた木製品に案の部品に相当するものがあり、弥生時代から古墳時代にかけて、福岡県甘木市平塚川添遺跡、福岡県北九州市金山遺跡、大分県国東町安国寺遺跡など、佐賀・福岡・大分県下で出土している。ただ完全な姿を残す雀居例の天板には多数の刃傷があり、先に紹介したように漢代画像石などにみられる調理用の高脚付き俎板《まないた》とする余地が生じるが、細工の精巧さなどからみると筆記用の文机《ふづくえ》である可能性がより高いと判断される。刃傷は木簡などの削りにともなうものか、廃棄後の俎板への転用を示すものと考えたい。

## 漢字との出会い

二世紀にさかのぼる文字資料の出土、東海地方や中部地方におよぶ波及、「倭人伝」に記録された文書外交の展開などからみて、弥生後期社会ではかなり広範囲に漢字が理解されていたと思われる。さらに、韓国慶尚南道義昌郡茶戸里一号木棺墓から出土した紀元前一世紀後半の筆記具の存在からみて、その理解は紀元前にさかのぼる可能性がある。

茶戸里遺跡は「倭人伝」に倭の北岸狗邪《くや》韓国《かんこく》とされる弁韓一二国の一つ狗邪国の地域にあり、豪華な出土遺物から狗邪国の首長層の墓と考えられている。その遺物のなかに筆軸五本と鉄製素《そ》環頭《かんとう》刀子《とうす》一口がある（図51）。平均二三・四センチの木製筆軸は黒漆塗りで仕上げられ、両端に筆毛がとりつけられている。筆は化粧用や絵画用などにも使われるから、筆記用であることの証明が重要になる。そこで李健茂は、後漢の王充がその著書『論衡』で知識人の条件として「三寸の舌、一尺の筆」、つまりさわやかな弁舌と能筆を挙げていることから筆記用筆軸は一尺であること、当時の一尺は二三・一センチ前後であること、したがって二三・四センチの長さに揃っている茶戸里出土の筆は筆記用であることを実証している（「茶戸里遺跡出土の筆」『考古学誌』四、一九九二年）。さら

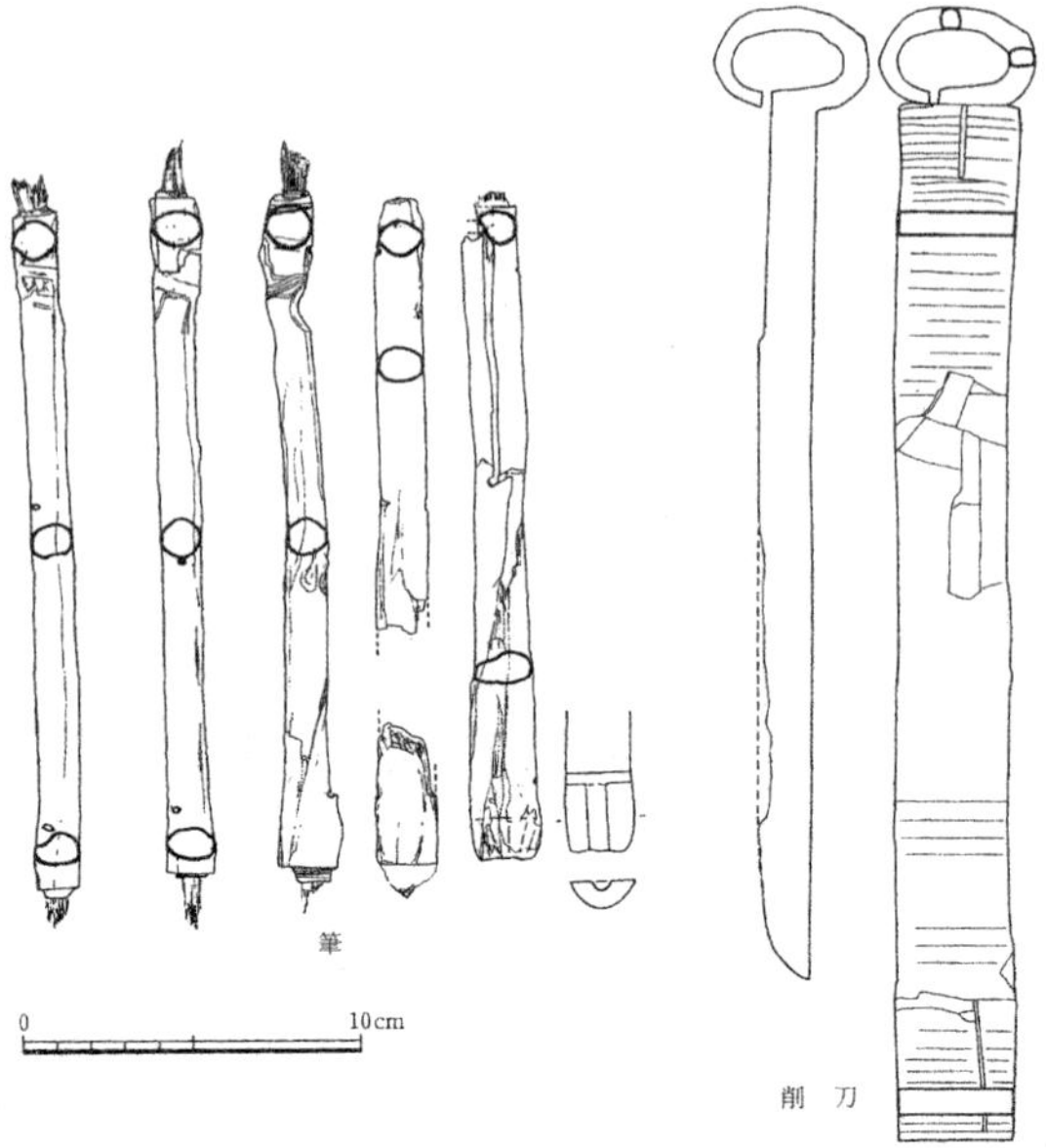


図51　茶戸里遺跡の筆記具

に李は両端に筆毛をつける中国にない特徴から茶戸里筆を現地の製作としている。それは筆記用の筆の需要があったことを意味する。

茶戸里の筆が筆記用であることは共伴した鉄製素環頭刀子からも知られる。鉄製素環頭刀子は鉛筆削りや工作用など万能工具として愛用された肥後守《ひごのかみ》とよばれた小刀に相当するとともに、料理用の庖丁、そして武器としても使われた。筆記具としての用途もその一つである。紙の普及は二世紀以後のことで、紀元一世紀までは、そして以後もしばらくは紙の代用として木簡、竹簡とよばれる木や竹を薄く細長く加工した板に墨書していた。木や竹だから、書き損じた場合にはその部分を削って訂正し、使用が終われば全体を削ると再度の使用が可能になる。紙と鉛筆・消しゴムの関係にたとえれば筆は鉛筆に相当し、鉄製素環頭刀子が消しゴムの役割を果たす。そこから筆記の機会の多い役人をかつては「刀筆の吏」といった。その消しゴム的刀子を削刀や書刀などといったが、これにも詳《こま》かな規格があり、これも李健茂によって茶戸里の刀子は削刀であることが証明されている。

筆記用の筆と刀子を出土した茶戸里一号木棺《もつかん》墓の時期は、北部九州に福岡県前原市三雲南小路一号甕棺墓や福岡県春日市須玖岡本D地点甕棺《かめかん》墓のような、中国漢王朝と直接の交流を開始し、倭の内部にある部族集団が国、その政治的統率者が王として認められるようになる時期に当たる(高倉洋彰「弥生時代における国・王とその構造」『九州文化史研究所紀要』三七、一九九二年)。漢は夷蛮《いばん》との交流において、例外もあるが、漢語による文書外交を求めた。できなければ交流しないだけのことであり、弥生時代中期後半、つまり紀元前一世紀後半から急速に数を増す漢製品の出土は倭が漢との交流を渇望していたことを裏書きしている。漢字の習熟が漢と交流する必須の条件であることを考え合わせると、同時期の、倭と密接な関係にある対岸の狗邪韓国での筆記具の出土は倭にも漢字が伝わっていた可能性をうかがわせ、その習熟を果たしたからこそ『漢書』「地理志」に「歳時をもって来たりて献見すると云う」という状況が可能になったといえよう。

このようにみてくると倭人と漢字の出会いは、遅くとも、中国との直接交流が開始された紀元前一世紀後半までさかのぼる可能性をもっている。これら一文字程度の情報で何をいおうとしているのかわからないが、現代の私たちに弥生人が漢字を識っていたことを伝えた点で、その意義は大きい。

# 東奔西走の交流

# 大海を渡る交流

**狗邪韓国を介した交流**

これまで述べてきたように弥生時代は倭とは異なった社会や文化のもとで暮らす海外の国や人びととの交流が本格化する時代であった。そして奴国王《なのこくおう》や卑弥呼《ひみこ》たちは韓を通り過ぎて漢（直接には楽浪郡、後には帯方郡）をめざしたが、それにしても最初の寄港地は狗邪韓国《くやかんこく》であり、漁民に代表される一般の人びととなると対岸の朝鮮半島が身近な交流の相手だった。すでに漢との交流は前著でまとめているので、ここでは身近な交流の相手である韓における弥生人の足跡をみておこう。

「倭人伝」の冒頭近くに「其（倭）の北岸狗邪韓国に至る」として紹介される倭国と関係深い狗邪韓国は、弁辰（弁韓）一二国の一国で、『魏志』「韓伝」では狗邪国として出てくる。位置が不明瞭な「韓伝」記載の諸国のなかで、茶戸里《タホリ》遺跡・良洞里《ヤンドンニ》遺跡・大成洞《テソンドン》古墳群などの有力な遺跡の点在する韓国釜山市の西側金海地方を中心とする一帯であろうと考えられている（武末純一「狗邪韓国」『倭人伝の国々』二〇〇〇年）。

日本の縄文時代晩期後半から弥生時代前期初頭にかけての時期に併行する無文土器時代中期に広大な墓域をもつ独立した個人墓である慶尚南道義昌郡徳川里一号支石墓が出現するが、武末はこれをもって朝鮮半島南部にある程度の政治的なまとまりができたと指摘する。金海地方にはまだ個人墓はみられないが、巨大な石を使った金海市茂渓里支石墓や墓域に区画のみられる金海市金海貝塚の墳墓群などからみて、金海地方においてもこの時期に狗邪韓国（以下「韓伝」にしたがって狗邪国とする）の原形ができている。

弥生時代中期後半からおおよそ後期に相当する時期になると狗邪国は原三国時代にはいるが、そのはじめに金海地方の縁辺にある慶尚南道義昌郡茶戸里一号木棺墓のような首長墓が出現する。これは北部九州の福岡県前原市三雲南小路遺跡や福岡県春日市須玖《すく》岡本遺跡で伊都国王墓・奴国王墓とよばれるようなほかと隔絶した独立墳丘墓が出現する時期と同じだが、茶戸里一号木棺墓は豪華な副葬内容をもつにもかかわらず群衆墓地のなかにある点で今一つ突出していない。無文土器時代後期から三国時代におよぶ大墳墓群である金海市良洞里遺跡の主体は茶戸里に続く段階にあるが、一六二号・二三五号などの規模の大きな木槨《もっかく》墓を含むにもかかわらず、やはり群集墓地から脱却していない。この傾向は狗邪国から金官伽耶《かや》国へと発展する三国時代にも続き、金海市大成洞二九号墳なども群集墓地のなかにある。狗邪国が弁韓の盟主として有力でありながらも、伽耶を一つにまとめきれなかった要因が、ここに潜んでいる。

狗邪国の地域では弥生文化に関係する遺物がたくさん知られている。北部九州の前期末の金海式甕棺の型式名のもとになっている金海市金海《キメ》貝塚の金海式および城ノ越式の甕棺や、金海市池《チ》内洞《ネドン》遺跡の甕棺墓に副葬されていた須玖式袋状口縁長頸壺《ちょうけいこ》、それに釜山市萊城《ネソン》遺跡で住居跡から集中して出土した須玖式土器など土器の資料も多いが、良洞里遺跡に副葬されていた小形仿製《ぼうせい》鏡《きょう》八面をはじめ銅鏡・中広銅矛《どうほこ》・広形銅矛など数多くの青銅器が検出されている。これとは比較にならない数の韓系遺物が北部九州で出土していることを考えれば、狗邪国が両地の交流の拠点であることを理解できる。

**勒島の遺跡**

金海地方よりももっと西側、慶尚南道泗川市の海岸よりにもとは三千浦市とよばれていた地域があるが、その海上は閑麗《ハルリョ》海上国立公園に指定されている風光明媚な島々で、まるで絵のように美しい。本土部と島々を結ぶ最初の小島を勒島《ヌクト》とよぶが、ここは島そのものが遺跡になっている。

以前から勒島貝塚として知られていたが、一九八五年に釜山大学校博物館によって住居跡や箱式石棺《せっかん》墓・甕棺墓・土壙《どこう》墓、それに貝塚などの無文土器時代後期の遺構が検出されている。口縁部に断面三角形の粘土帯を貼りつける紀元前一世紀前後の粘土帯土器を主体とするが、これにともなって中期前半〜中ごろに並行する時期の弥生系土器が出土し、注目されていた（田中俊明・東潮『韓国の古代遺跡』百済・伽耶編、一九八九年）。その遺跡が島々を繋ぐ架橋および道路敷設工事にともなって、東亜大学校博物館・釜山大学校博物館・慶南考古学研究所によってここ数年来発掘調査されている。弥生系遺物の出土は全体の五％程度といわれ、現場で見学しても大量の土器出土状態のなかではそれほど目立つ存在ではなかったが、実際にはかなりの量の弥生系遺物（図52）が認められる。閑麗水道に面した遺跡群ではもっとも弥生系遺物を出土する遺跡として大いに注目できるが、残念なことに後期の遺物を欠いている。二〇〇〇年夏の調査では韓国ではじめて楽浪系硬質土器が出土し、漢と倭を結ぶ海民の遺跡として評価されてきている。

図52　勒島遺跡出土の弥生土器

　勒島のある閑麗水道の島嶼《とうしょ》部は、勒島よりも東側の統営郡に属する欲知島東港里貝塚、上老大島の上里貝塚・山登貝塚、烟台島烟谷里貝塚などで曾畑式や阿高式などにはじまる日本の縄文土器系の土器や黒曜石製石鏃《せきぞく》・鋸歯鏃《きょしぞく》、それに二枚貝製腕輪や日韓に共通する結合式釣針などの遺物が出土することが知られている。これらの遺物はより東側の釜山市水佳里貝塚・凡方貝塚・東三洞貝塚などでも知られていて、閑麗水道島嶼部から洛東江流域にいたる一帯が、縄文時代における日韓交流の拠点地帯として認識されている（木村幾多郎「韓日石器時代研究者の交流」『ミュージアム九州』三五、一九九〇年）。その歴史を継続するように勒島遺跡ばかりでなく、洛東江西岸の金海地域を中心に弥生系遺物が集中するが、閑麗水道一帯では松鶴洞一号墳のある固城邑《コソン》の固城貝塚で出土した弥生後期土器に類似した土器や北部九州製の広形銅矛片、北部九州の習俗に根ざす後漢鏡の破鏡片が知られている。対馬に分布する箱式石棺墓の立地条件や構造が固城松川里石棺墓などこの一帯の例と一致するとする指摘もある（田中・東前掲書）。

釜山市から閑麗水道にかけての多島海域では以後も倭人の往来が常で、朝鮮側の海民掌握の不十分さが「国境をまたぐ地域」において国や民族にとらわれない往来と雑居を可能にしていた（村井章介『中世倭人伝』一九九三年）。国境を意識しない海民集団の地は、距離的な近さゆえに倭《わ》寇《こう》侵略のもっとも多大な被害地であるばかりでなく、そこに住む朝鮮の人びとみずからが倭寇に参加することもあった。負の交流の例だが、それにしても縄文時代以来の多島海域における日韓交流の歴史は連綿と続いているのであり、それを可能にしたのがいうまでもなく海の存在であった。

### もう一つの倭の北岸、瀆盧国

このように弥生人が交流した倭の北岸は、考古資料の蓄積の進行などから弁辰諸国では狗邪国がよく知られているが、狗邪国だけではない。これにたいして「其の瀆盧《とくろ》国は倭国と境を接す」と地理情報が唯一個別的に紹介されている瀆盧国についても同じ弁辰諸国でもあまり関心をもたれていない。それは瀆盧国の紹介が、倭国と境を接するという、この簡単な一文にすぎないことが原因と思われる。

これまで瀆盧国は大きく二つの地域に比定されてきた。一つは李朝末期の学者丁若鏞《チョンヤギョン》にはじまる巨済《コヂェ》島《ト》説であり、いま一つは明治の地理学者吉田東伍をはじめとする東萊《トンネ》説である。いずれも古地名との音の類似や立地を手がかりとしている。瀆盧国についての唯一といってよい専論である「瀆盧国考」で丁仲煥《チョンチュンファン》は巨済島説と東萊説を整理している（「瀆盧国考」『白山学報』八、一九七〇年）。それによると、巨済島説の丁若鏞は巨済島に新羅の文武王代（六六一〜六六八年）に置かれた裳郡の「裳」の方言である「斗婁技《トロギ》」の音が「瀆盧」に近いことを大きな根拠にしているし、東萊説の吉田東伍は「瀆盧」を「多羅」とみて東萊の多大浦と関連づけて考えている。ほかに巨済島説の研究者として鮎貝房之進・末松保和、東萊説のそれは那珂通世・李丙燾《イビョンド》を挙げ、丁仲煥自身も東萊貝塚や福泉洞古墳群・蓮山古墳群などの遺跡分布で補強しつつ東萊説を支持している。以後、井上秀雄（『古代朝鮮』一九七二年）や考古学者の金廷鶴（『任那と日本』一九七七年）・東潮（田中・東前掲書）にみられるように、大河洛東江の西岸の狗邪国にたいして東岸の釜山市の旧中心である東萊と考えられている傾向にある（図53）。事実、丁仲煥が傍証した東萊の福泉洞古墳群の一角で調査された萊城遺跡で須玖式土器の集中する住居跡が検出されるなど、倭人との交流を実感させてくれる。

最近影の薄くなった巨済島は、狗邪国に比定される金海地方のさらに西側、図53では下端近くの中央よりやや東側にある規模の大きな島である。瀆盧国ばかりでなく、江戸時代の学者菅政友《かんまさとも》が狗邪国に比定した学史もある。この島が再び、東亜大学校の沈奉謹《シムボングン》によって、瀆盧国の可能性を指摘されている（『巨済古県城址』一九九一年）。

沈奉謹は瀆盧国の研究史を改めて整理し、巨済郡の岐城館客舎の修復時に発見された上樑文《じょうりょうぶん》を紹介する。この上樑文は光緒十八年（一八九二）のもので新しいが「宇制宏明盖権輿於北闕瀆盧故都……」とあり、別に「……上古之豆盧建国……」とあるものもある。瀆盧国・豆盧国と表記される瀆盧・豆盧の音は女性のスカート状の下衣「裳」の方言と丁若鏞が主張した「斗婁技」に通じていて、新羅の文武王代に置かれた裳郡は「裳」と同源の周囲から屹立《きつりつ》した島の姿を意味するものであり、「裳」郡はその漢音表記であろうとみる。このような巨済島の地名考証に加えて、『東国輿地勝覧』巨済県闕防条の「知世浦営……本国人往日本者、必於此、待風開洋向対馬州」の記事から、対馬（そして日本）との往来にあたって巨済島が出発の拠点であったことを指摘する。ただ瀆盧国の所在を証拠づける遺跡が確認されていない現状では断定はできず、東

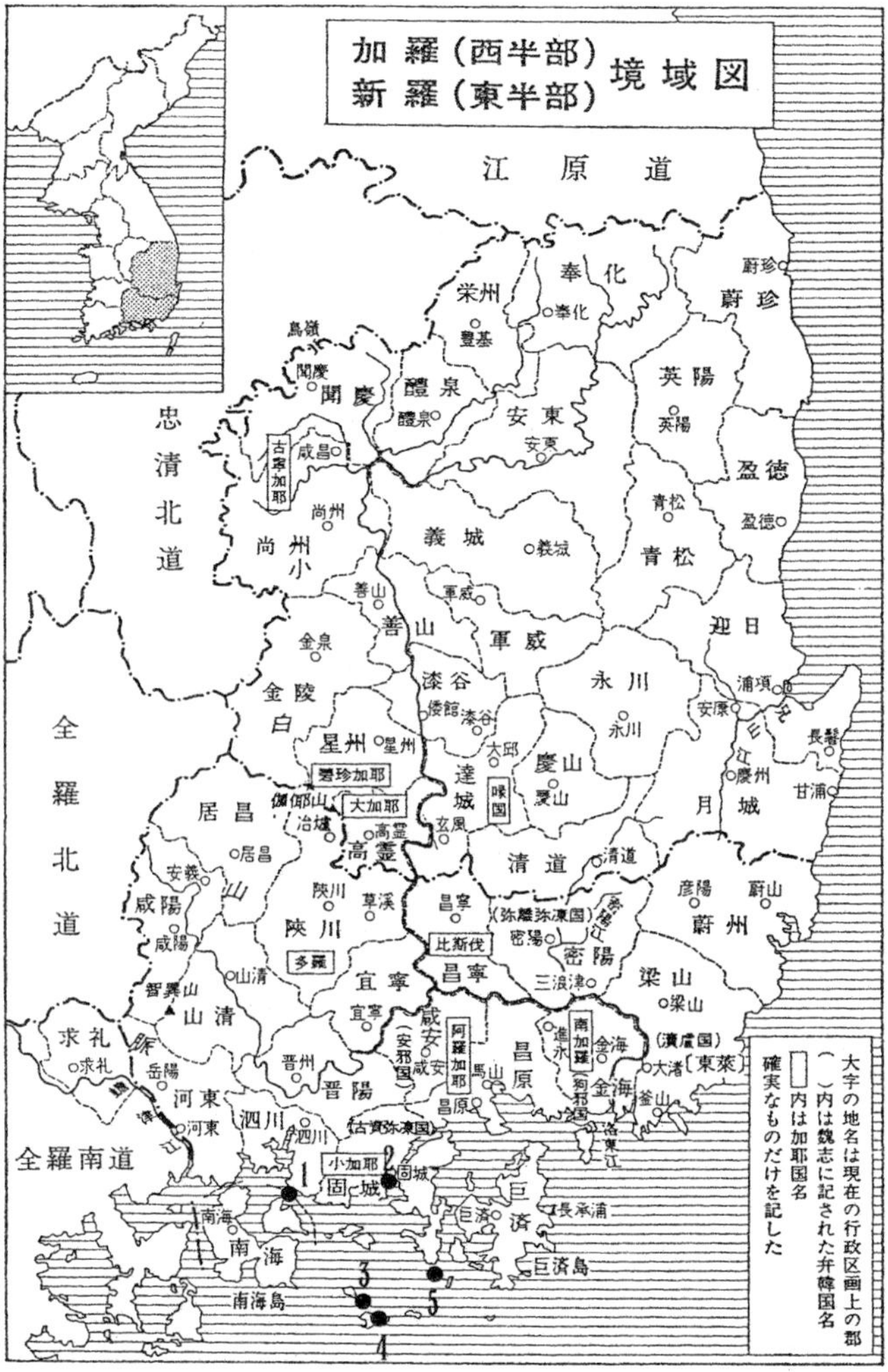


図53　弁韓（伽耶）と辰韓（新羅）

1：勒島遺跡　2：固城貝塚　3：上老大島山登・上里貝塚　4：欲知島東港里貝塚　5：烟台島烟谷里貝塚

莱説とともに今後積極的に検証されるべきと結んでいる。

## 弥生人の足跡

今、洛東江は穏やかに流れているが、河口に堰が設けられる前は水流が海上にも影響し、横断は容易でなかった。二十数年前に「倭人伝」の航路を人が漕いで踏破する野性号の航海が試みられたことがあるが、洛東江の水先は動力船による曳航を余儀なくされたほどであった。狗邪国、そして縄文時代以来の遺跡が主に洛東江の西側にあるのはこのことと無縁ではない。たしかに勒島や欲知島・上老大島、そして巨済島にもっとも近い烟台島《ヨンデト》などのある閑麗《ハルリョ》水道の東を限る規模の大きな島である巨済島には、今のところ目立った弥生系遺物を出土する遺跡の存在は知られていない。その意味では弥生社会との交流を考えるにあたって、瀆盧国の位置は勒島遺跡のある泗川や固城貝塚のある固城の可能性もあろう。しかし図53のように、泗川は昆明や昆陽の古地名などから軍弥国（後に史勿国）、固城も旧地名の古自から古資弥凍国（後に小伽耶国）の候補地になっていて、可能性が少ない。もちろん瀆盧国の比定地がそうであるように確定しているわけではないが、この地域では沈奉謹が指摘するように弁辰諸国のいずれとも有力視されていない巨済島が魅力的に思える。

こうしてみると弥生人が朝鮮半島の南海岸に残した足跡は狗邪国にとどまらず、弁辰の何国かは不明ながら弥生文化にかんする資料を多く出土する勒島一帯や固城邑の一帯、さらに倭との近接性が注目されている瀆盧国がいずこであってもそこにおよんでいよう。水稲耕作伝来期の遺跡をみても、忠清南道松菊里《ソングンニ》遺跡など韓国西部に特徴的な松菊里型円形住居からなる福岡県粕屋町江辻遺跡もあれば、福岡の対岸にあたる慶尚南道蔚山《ウルサン》市の検丹里《コンタンリ》遺跡などに特徴的な方形住居のみの福岡県二丈町曲り田遺跡もあるように、倭と韓の交流にはいくつかのルートが認められる。「倭人伝」が狗邪国を特記するのは外交上の拠点だったからに違いない。漢へおもむく途上にある全羅道一帯からも、弥生人の足跡を直接的に示す遺跡がやがて報告されてくるであろうと期待している。

# 東奔西走の人びと

## 南北市糴の交流路

弁韓に残る倭人の足跡をみてみたが、狗邪国《くやこく》は倭との外交の門戸であろうし、勒島《ヌクト》遺跡や固城《コソン》貝塚、幻の瀆盧国などはふだんに行き来する港のある土地だったように思える。さしずめそれは、狗邪国が「郡使の往来常に駐まる所」と「倭人伝」にいう伊都国に相当し、韓国で出土した青銅器の多くを生産している北部九州の雄国奴国《なこく》などの諸国の動きが韓国南海岸の遺跡に反映している。もちろん奴国なども外交にかんしては狗邪国を訪れ、伊都国も自由に南海岸を訪れる。そうした交流を「倭人伝」では海を挟んで対峙《たいじ》する韓と倭の間に懸け橋のように点在する対馬国と壱岐国に代表させる形で、南北に市糴《してき》すると記述したのであろう。

三重にめぐらした環濠で二四㌶の規模を囲む大集落であることがわかった、一支（壱岐）国の首邑《しゅゆう》とみられる長崎県芦辺町原の辻遺跡では、船着場の遺構（図54）が検出されている。安楽勉の教示によれば突堤の遺構は二ヵ所からなる。西突堤は上面幅三・二メートル、下端幅八・八メートル、高一・六メートルほどの台形につくられ、東突堤もほぼ同じ大きさをもち、長さ一〇メートルほどで基部が連接するとみられる。両突堤には下端で八メートルほどの間隔があり、船が着く船渠《せんきょ》になっている。築造にあたって、まず木材や石で基礎を固め、その上部に樹皮を敷いて土塁状に盛り土をする敷葉、敷粗朶《しきそだ》工法という中国から学んだであろう最新の技術が駆使されている。土塁の外面は乱石で護岸されている。出土土器からみて中期前半に築かれ、後期初頭にかけて機能したとみられている。ただ幡鉾川《はたほこがわ》の河口からかなりさかのぼっていて、大型の外洋船が直接入港するのではなく、艀《はしけ》のような小型船にのりかえて接岸したのであろう。付近からは多数の朝鮮無文土器や前漢の五銖銭、三翼鏃、楽浪系土器などが出土していて、原の辻遺跡が対外交渉や対外交流に拠点的な役割を果たしていたことを示している。

魏（以前は漢）や帯方郡（以前は楽浪郡）、それに諸韓国におもむく倭王の使節や帯方郡からの使節が訪れた、伊都国の港であり倭国の出入国のための港は、半両や貨泉などの銭貨、銅鏡片などふつうの漁村にはみられないような遺物を出土する福岡県志摩町御床遺跡と考えられる。郡使の駐《とど》まる所としては多数の楽浪系の硬質土器を出す福岡県前原市三雲番上遺跡がそうであろうとみられている。奴国の港には後に那津の官家がおかれる福岡市比恵遺跡がふさわしい。原の辻

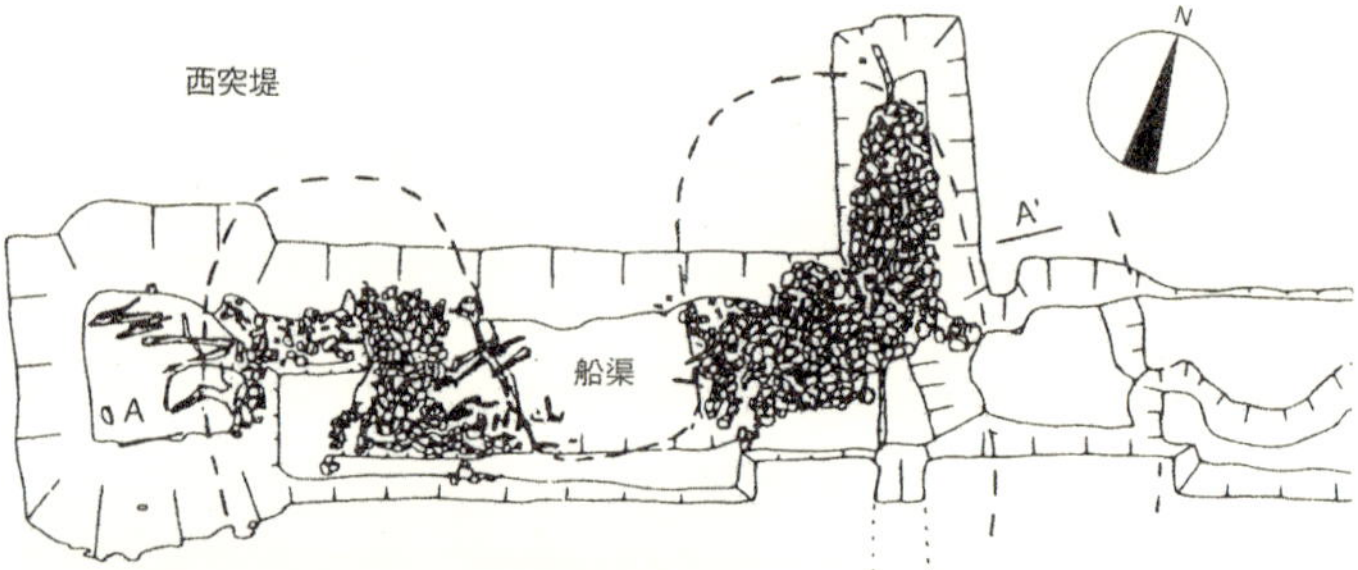

西側から

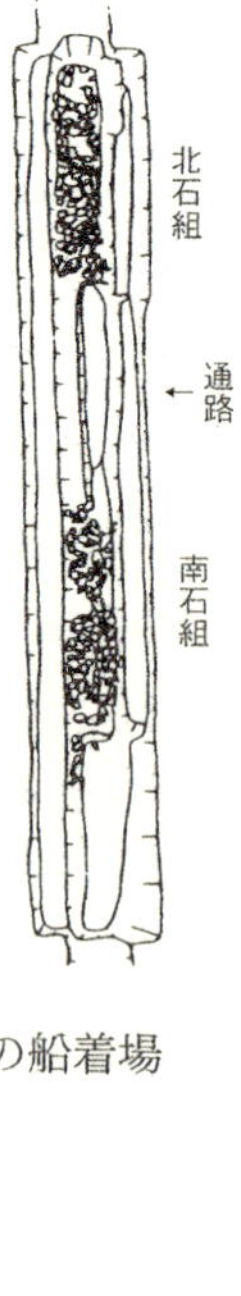


図54　一支国（壱岐国）の船着場

港・御床港・比恵港はそれぞれの国津であった。

だが港は国津ばかりではない。古墳時代前期（布留式古・中段階）の例であるが、福岡市西新町遺跡をみてみよう。

西新町遺跡は北部九州の弥生時代後期後半の土器型式である西新町式の標式遺跡として知られている。前期にはじまるが、大規模な集落を形成するのは西新町式の時期からになる。その一画で同時に併存する竪穴住居が五〇棟を超えるとみられる古墳時代前期の住居群が調査され、住居内から列島でもっとも古い時期の造りつけ竈《かまど》やオンドル遺構といわれるL字状竈などが多数検出されたことによって、朝鮮半島とりわけ百済地域との深い結びつきが考えられている。出土の土器にも、多孔式甑《こしき》や両耳付平底短頸壺・二重口縁壺など忠清道・全羅道に系譜を求められるものが目立っている。鉄器製作やガラス玉の鋳造などの生産を示す資料もあるが、土製ガラス小玉鋳型は類例が韓国の全羅南道海南郡郡谷里《クンゴンニ》遺跡や京畿道河南市渼沙洞《ミサドン》遺跡などの百済地域にある。

その一方で集落から出土する土師器《はじき》の多くは近畿地方のものであった。このこと自体は弥生時代後期から北部九州の土器が近畿系土器に凌駕《りょうが》されるようになった結果を示すが、それにしても近畿との強い結びつきがみえてくる。また山陰地方の土器も器種構成がそろってみられるなど、交流の深さを示している。このほかにも東九州や瀬戸内地方、東海地方の土器もみられる（重藤輝行編『西新町遺跡II』二〇〇〇年）。

古墳時代前期とやや時期的に新しくなるが、西新町遺跡は南北に市羅し東奔西走する倭人を象徴する典型的な遺跡といえる。

**列島を縦断する交流**

対馬《つしま》・壱岐《いき》を懸け橋に次々と補給される中国や朝鮮半島の技術と知識は、北部九州から瀬戸内海という大動脈を通って近畿地方に伝わり、そこからさらに北へと広まっていった。だがこの大動脈以外にも、日本海沿岸および太平洋沿岸を伝う二つの重要な動脈がある。

そもそも日本列島を網羅する交流のネットワークは、各地で出土するヒスイ製玉類の原石の産地を同定することで、縄文時代にすでにできあがっていることがわかる。日本では現在ヒスイの原産地が九ヵ所、ヒスイ類似岩の産地が一ヵ所知られているが、これを縄文人が知っていたかとなると別問題で、藁科哲男らのエネルギー分散型蛍光X線分析法による産地同定で、ほとんどが新潟県糸魚川《いといがわ》市から富山県朝日町の宮崎海岸にかけてひろがる糸魚川産の原石を用いていることがわかっている。その原石でつくられた玉類は東日本を中心に、沖縄県糸満市兼城《かねぐすく》上原第二遺跡・沖縄県北谷《ちゃたん》町クマヤー洞穴から北海道余市町大川遺跡におよぶ広い範囲に分布する。また産地は不明だが鹿児島県加世田市上加世田遺跡の勾玉《まがたま》に使用された結晶片岩様緑灰岩の製品は、島根県匹見町ヨレ遺跡、大阪府阪南市向出遺跡、岐阜県丹生川村西田遺跡の玉類と元素比組成を一致させていて、九州南部原産で製作された玉《ぎょく》が遠く岐阜県にまで伝わったと考えられている（藁科哲男「石器・玉器の原材産地分析から考察する使用圏(3)」『日本考古学協会第六六回総会研究発表要旨』二〇〇〇年)。このようにヒスイにほかの製品を加えてできあがる流通のネットワークを利用して繰り広げられた弥生人の交流の主体を、中国は倭とよび、倭人とよんだのである。

縄文人が築き上げた列島を網羅するネットワークをその後裔《こうえい》である弥生人は存分に活用する。弥生時代のヒスイ製勾玉にも糸魚川産原石が用いられていて、前期末以降になると近畿地方・瀬戸内地方および北部九州に集中し、なかでも質的に優れた諸例は北部九州で出現しはじめた首長層の首を飾るようになる。したがって北陸・近畿・瀬戸内・北部九州を結ぶ道の存在が浮かび上がる。しかしながらヒスイ製勾玉は碧玉《へきぎょく》製管玉《くだたま》と組み合わされて首飾りになる。その碧玉《へきぎょく》製管《くだ》玉《たま》は、産地未定ながら弥生時代を中心に使用される兵庫県豊岡市の女代南B群を構成する原石の存在などから、この付近に原産地があり主に西日本の日本海沿岸で管玉として利用されている(藁科哲男「石器・玉器の原材産地分析から考察する使用圏」『日本考古学協会第六四回総会研究発表要旨』一九九八年)から、日本海にそった道も想定できる。それは前期に特徴的な山陰地方に分布する陶塤《とうけん》や、中期後半に島根県斐川町神庭荒神谷遺跡に綾杉状の研ぎ分けのある中細・中広銅矛をもたらした道である。したがって瀬戸内を通る大動脈とともに、北陸地方から日本海沿岸を伝ってヒスイが南下する道もあったとみている。

これとは別に、沖縄諸島を出発点として、南西諸島から九州の西岸にそって北上する南海産巻貝製腕輪の道がある。

ヒスイ製勾玉が北部九州の政治的統率者の首を飾ったのにたいし南海産巻貝製腕輪は北部九州の祭祀的統率者の腕を飾ったが、その素材は北陸地方同様にはるかに離れた沖縄諸島からもたらされた。沖縄県の遺跡では浦添市嘉門貝塚などで知られる数個から十数個のゴホウラやイモガイを集積した貝溜り遺構があり、なかには貝に紐を通す穴を開けているものもあって、注文に即応するかのような態勢をみることができる。紐を通すのは管理のしやすさとともに持ち運びの便利さからだろうが、読谷村《よみたんそん》大久保原遺跡ではさらに穴を広げ、腕輪の原形になるまでの粗加工をしている。安里嗣淳は北部九州の人びとが南島文化の一つとして腕輪を移入したのではなく、自分たちの社会のなかで目的や機能に合致した形態の腕輪を製作したのだから、その成形は北部九州で行われたと考えている。沖縄でそれに近いまでに粗加工をするのも、安里が指摘するように、北部九州の工人の手間を簡素化するとともに、貴重な原材料を北部九州まで運んだ後の失敗を少なくし成功率を高めるための工夫であろうし、なによりも運搬にあたって軽くする目的があったと考えられる（『伊江島阿良貝塚発掘調査報告』一九八三年）。こうして北部九州で完成されたゴホウラ製腕輪は男性の右腕、イモガイ製腕輪は女性の両腕または左腕を飾っている。

南海産巻貝腕輪はさらに東進する。出土遺跡数からみると、その道は瀬戸内海を通り愛知県豊橋市水神遺跡にまで達するルートと、日本海にそって島根県松江市西川津遺跡に達するルートが

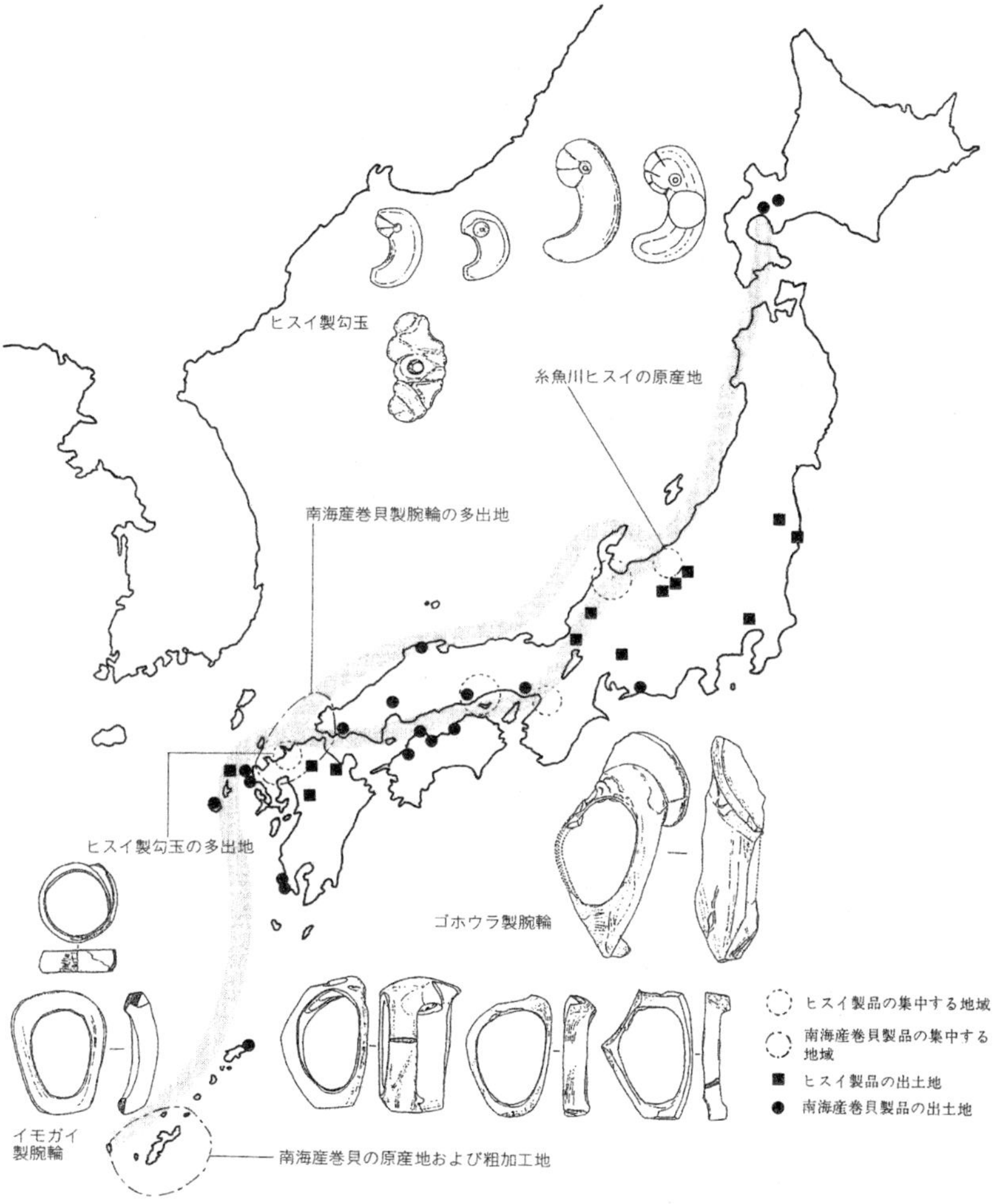


図55　ヒスイ製品と南海産巻貝製品の分布にあらわれた道

ある。

瀬戸内海沿岸の太い道と日本海にそったもう一つの道は若狭湾の付近で合流し、日本海にそってさらに北上を続ける。北部九州で本格的な出会いを果たした北陸地方から南下するヒスイの道と琉球圏から北上する南海産巻貝の道は、両者に共通する二つのルートのどちらを通ってもやがて北海道にいたり、沖縄から北海道までを結び列島を縦断する壮大な動脈になる（図55）。北海道伊達市有珠《うす》一〇（有珠モシリ）遺跡でのイモガイ製腕輪や貝玉その他の南海産巻貝製品の出土は、列島を網羅するネットワークにのったとき、可能になる。

## 交流する港町

太平洋の沿岸を伝う動脈の存在はこれまであまり意識されてこなかったが、高知県南国市田村遺跡、和歌山県御坊市堅田遺跡、三重県嬉野町片部・貝蔵遺跡、神奈川県小田原市中里遺跡の相次ぐ調査によって、その存在が浮かび上がってきた。

弥生時代の青銅製武器・武器形祭器の出土量を岩永省三の地名表（前掲『青銅の武器』一九八〇年）を使って県別にみてみると、この段階では神庭荒神谷遺跡が知られていなかった島根県が一位の福岡県に次いで二位にはいってくるのでそれを修正すると、愛媛県が四位、香川県が七位、高知県は八位になり、四国の多さが目立っている。このうち愛媛県は西部が中広・広形銅矛、東部が平形銅剣という相違を示すが、それが反映して香川県は平形銅剣中心、高知県は中広・広形銅矛を主とするという際立った傾向をもっている。愛媛県西部から高知県にかけての矛形祭器分布圏では、それ以外も先行する細形や中細形の青銅製武器が占めている。矛形祭器の出土遺跡は大分県佐賀関半島と愛媛県佐田岬半島という九州と四国がもっとも接近する線よりも南に分布している。

高知空港の一角にある南四国最大の規模をもつ田村遺跡は、弥生時代前期初頭に松菊里型住居五棟を含む竪穴住居一〇棟と掘立柱建物一五棟からなる規模の大きな集落として出現し、前期前半にはやや移動して環濠集落を形成する。その後発展にやや停滞がみられるが、中期後半に盛期を迎える。しかしその活況は後期後半になると洪水あるいは津波などの天災によってこの環濠集落は壊滅的な打撃を受け、消滅する（出原恵三「南四国における弥生時代中・後期集落の消長」『弥生時代の集落』一九九九年）。

南四国最大の田村遺跡は地域の拠点として交流する。前期の田村遺跡に次に述べる堅田遺跡との交流をしめすような資料はないが、堅田遺跡からは田村遺跡の特徴をもつ土器が出土していて、両地の交流をしめしている。前期末以降には櫛描簾状文《くしがきれんじょうもん》をもつ和泉や河内の土器の影響がみられるが、その盛期には中部瀬戸内や南四国西部の特徴をもつ遺物がみられるようになる。後期にはいると引き続き中部瀬戸内からの影響を受けるが、なかでも高松平野でつくられた角閃石《かくせんせき》を含む土器が多く搬入され、武器形祭器の分布傾向を裏書きするかのように東九州（豊後）や南九州の土器もある（満塩大洸・出原恵三「高知県における後期更新世・完新世の環境変化」『高知大学学術研究報告』四九、二〇〇〇年）。逆に田村遺跡の土器も香川県や宮崎県で出土していて、双方向の交流を物語っている。

このように時期を問わずにいえば、田村遺跡は中部瀬戸内との深い結びつきをもちながらも、大分県や和歌山県などとの海を渡った交流も合わせて行っている。

弥生時代の最古の青銅器鋳型の出土という衝撃的な話題を投げかけた堅田遺跡は弥生時代前期後半の三重に濠をめぐらす環濠集落で、濠の内外に竪穴住居一七棟、掘立柱建物二棟などがある。竪穴住居のうちの四棟は松菊里型住居で、朝鮮半島の無文土器に系譜をもつ土器があり、鉇《やりがんな》鋳造の背景を示している。大量の出土遺物があるが、西部瀬戸内（豊前・長門・周防）や中部瀬戸内（伊予・備前・播磨）の特徴をもつ土器をはじめ、河内や和泉の特徴をもつ近畿の壺や甕、結晶片岩を含んでいる阿波か紀伊北部の壺や甕など堅田遺跡よりも西方の土器とともに、伊勢湾地方の壺・甕や水神平式の特徴を備えた三河西部など東方の土器も出土している（御坊市『堅田遺跡』二〇〇〇年）。この状況は石器ではいっそういちじるしくなり、多数出土している地元の石材が認められない石庖丁《いしぼうちょう》を例にとると、石質にまとまりがなく形態も半月形外湾刃があれば半月形直線刃もあり、さらには長方形直線刃もあるという多様さで、さまざまな土地から持ち寄られた結果であることを印象づける。ほかの地域からもたらされたこれらの土器や石器は、瀬戸内と東海地方を太平洋を伝って海上ルートで結ぶ中継の重要な拠点としての性格が、堅田遺跡にあることを意味している。

堅田遺跡の調査によって、先に瀬戸内海を大動脈とする道が若狭湾で日本海にそって北上する道と合流し北上を続けるとした見方に修正の必要を生じさせている。つまり、瀬戸内海を東進する道は大阪湾で南北に分岐し、日本海にそって北上する道と、紀伊半島を迂回するように太平洋沿岸地域にそって北上する道に分かれることになる。そして後者の道は南四国とも連なっている。

堅田遺跡では東の伊勢地方や三河西部地方の前期後半の段階の土器が出土している。その東海地方とほかの地域との交流を、時期は新しくなるが、濃尾平野を中心に弥生時代終末から古墳時代初期にかけて用いられているＳ字状口縁台付甕（Ｓ字甕）の分布の検討を通じて、赤塚次郎は①濃尾平野から関ケ原をぬけて北陸地方に向かうルート、②太平洋沿岸の東海道にそった海上ルート、③内陸部を経由し群馬県・埼玉県北部につながる東山道ルート、そして④伊勢地域から雲出川をさかのぼり宇陀をぬけて奈良県にむかうルートの、四つのルートを設定している（「Ｓ字甕の移動」『邪馬台国時代の東日本』一九九一年、図56）。そしてなかでもＳ字甕が東日本に広く拡散することに注目している。ただ紀伊半島を迂回するルートはＳ字甕が不在のため、考慮されていない。

「田」字の墨書資料や人面墨書土器の出土を紹介した片部遺跡と貝蔵遺跡は連続する一つの遺跡で、片部・貝蔵遺跡とよばれることがある。④ルートで大きな役割を果たす雲出川水系にあり、

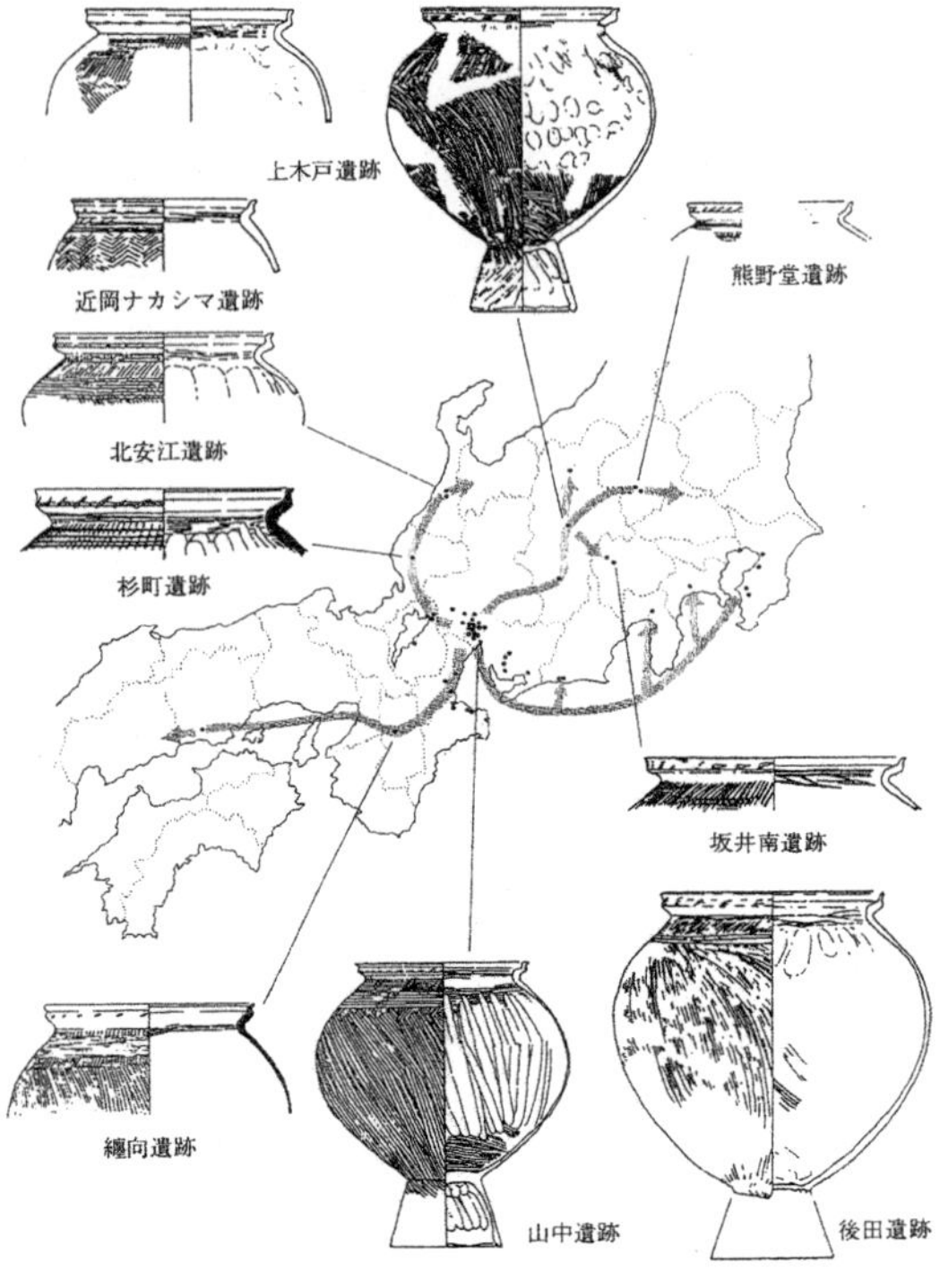


図56　S字甕の分布にあらわれた東海地方からの道

五〇㌶を超える広い範囲で集落が調査され、弥生時代中期の環濠や、井堰《いぜき》をともなう水田も検出されている。時期が下るが、大型の掘立柱建物もあり、地域の拠点的な位置を占める遺跡である。

興味を惹かれるのは、出土した大量の土器のなかに多くの他地域の土器が含まれていることで、

④ルートに面する立地から近畿系の土器がみられるのは当然にしても、それよりも多く装飾器台・高杯《たかつき》・甕などからなる北陸系土器群が検出されている。ほかにも山陰地方の特色をもつ支脚や東日本系の壺などがある。片部・貝蔵遺跡の土器は東海系土器に含まれるが、ここで①ルートにのった北陸系や④ルートでの近畿系の土器が多出することは、人の移動が双方向的であったと評価できる（嬉野町歴史資料館『海・港・交流』一九九九年）。奈良県桜井市纏向《まきむく》遺跡に大量の東海系土器があることも同様で、三重と奈良、三重と北陸を結ぶ道の存在を示している。東日本の土器の出土が少ないことは意外だが、知多半島を目前にして向かい合う絶好の立地や、近くにある薩摩坊津・筑前博多津とともに中世に日本三津に数えられ東日本向けの物流の中心であった安濃津が果たした役割からみて、②の太平洋海上ルートの拠点港であったろうと考えている。

東海地方の土器の急速な東日本への進出は、その背景に人びとの東遷をうながすような事態があったことを意味するかもしれないが、交流の面から考えれば、それ以前からこのルートがあったことを中里遺跡が教えてくれる。東日本に本格的な弥生社会が出現するのは水稲耕作文化体系の諸要素がそろう中期中ごろがはじまるころと考えられる（高倉洋彰『金印国家群の時代』一九九五年）が、南関東は資料的に一時期遅れていた。それを修正し、ほかの地域と足をそろえることを明らかにしたのが中里遺跡だが、ここでは五％には満たないとはいえ東部瀬戸内系の土器やサヌカイト製の石剣・紡錘車《ぼうすい》、棟持柱付掘立柱建物というような西日本社会の影響が組み合わされた形で認められる（大島慎一「かながわの弥生文化からみた中里遺跡」『小田原市遺跡調査発表会中里遺跡講演会発表要旨』二〇〇〇年）。

これに加えて、遠江・三河系の土器も出土しており、さらに方形周溝墓の形態は伊勢湾地方に近いという指摘もある。隣接地ともいえる伊勢湾地方と南関東の交流は、赤塚のいう②ルートの前身として考えやすいが、その道は東部瀬戸内地方まで延びている。反対に、福島県霊山町根古屋遺跡から遠賀《おんが》川系土器が出土し、福島県いわき市番匠地《ばんじょうち》遺跡で水田が検出されるなど弥生社会の東漸がみられ、早い段階で②の太平洋沿岸ルートは東北まで延びている可能性がある。

先に大阪湾で南北に分岐するとした道に、成立の時期が明らかでないが、さらにもう一本近畿地方と東海地方を宇陀越えで結ぶ道が想定できる。また田村遺跡や堅田遺跡からみて、前期後半の時期には、紀伊半島を迂回する海上ルートが成立していた可能性をみることができる。さらに、片部・貝蔵遺跡と中里遺跡を加えると、これらの遺跡のいずれもが海岸近くに立地する港邑《こうゆう》とでもよぶべき拠点的な港町あるいはそれに準ずるような遺跡であること、豊後・土佐・紀伊・伊勢・三河・相模はほぼ一線に並ぶ最短の海の道であることから、時期の相違を乗り越えて太平洋沿岸地域をめぐる海上ルートの存在が視野にはいってくる。

瀬戸内海を北部九州と近畿を結ぶ最大の動脈としながら、日本海沿岸を北上し東北・北海道にいたるルート、瀬戸内から内陸部を縦断して東海地方へ向かうルート、太平洋沿岸地域を海路および陸路で結ぶ三つの大動脈がある。それに片部・貝蔵遺跡に北陸地方の土器がもたらせられたり、佐賀県鳥栖《とす》市柚比《ゆび》安永田遺跡で出土した外縁付横帯文銅鐸鋳型に近い形態の銅鐸が中国地方に分布し、佐賀県神埼町吉野ケ里遺跡出土鐸と伝島根県出土鐸は同じ鋳型での鋳造が明らかになったり、大阪府茨木市東奈良遺跡の二号銅鐸鋳型で鋳造された兄弟鐸が大阪府豊中市桜塚一号鐸と香川県善通寺市我拝師山《がはいしやま》鐸にあり、三号銅鐸鋳型の製品は兵庫県豊岡市気比三号鐸にあるように、動脈と動脈を結びつける道が網の目のように張りめぐらされている。縄文人が築いたネットワークはしっかりと弥生社会に根づき、拡大されていた。これらからすると酒井龍一が描いた日本列島の交流網（『弥生の世界』一九九七年）は図57のように書き改められよう。さらにいえば、福岡県春日市須玖遺跡群で鋳造された中広・広形銅矛や小形仿製鏡は列島内のみならず、韓国慶尚南道の海岸地帯を中心に慶尚北道大邱《テグ》市晩村洞《マムチョンドン》遺跡にまでおよんでいる。弥生人は南北市糴に加えて東奔西走し、じつにたくましく時代を生きぬいている。

コメをはじめ多くの作物を栽培する農耕社会をつくりあげていった弥生人は、海を渡って新しい文物や知識を積極的に求め、中国を盟主とする金印国家群の一員になることによってみずからの社会を研ぎ澄ませていった。それは色彩感あふれる衣服や輝く装身具で身を飾った王や大人とよばれる一部の層と、モノトーンで飾り気のない衣服をまとった大部分の下戸層に象徴される、越えがたい身分格差をもつ階級社会へと駆けぬけていく時代でもあった。弥生の人びとが暮らし

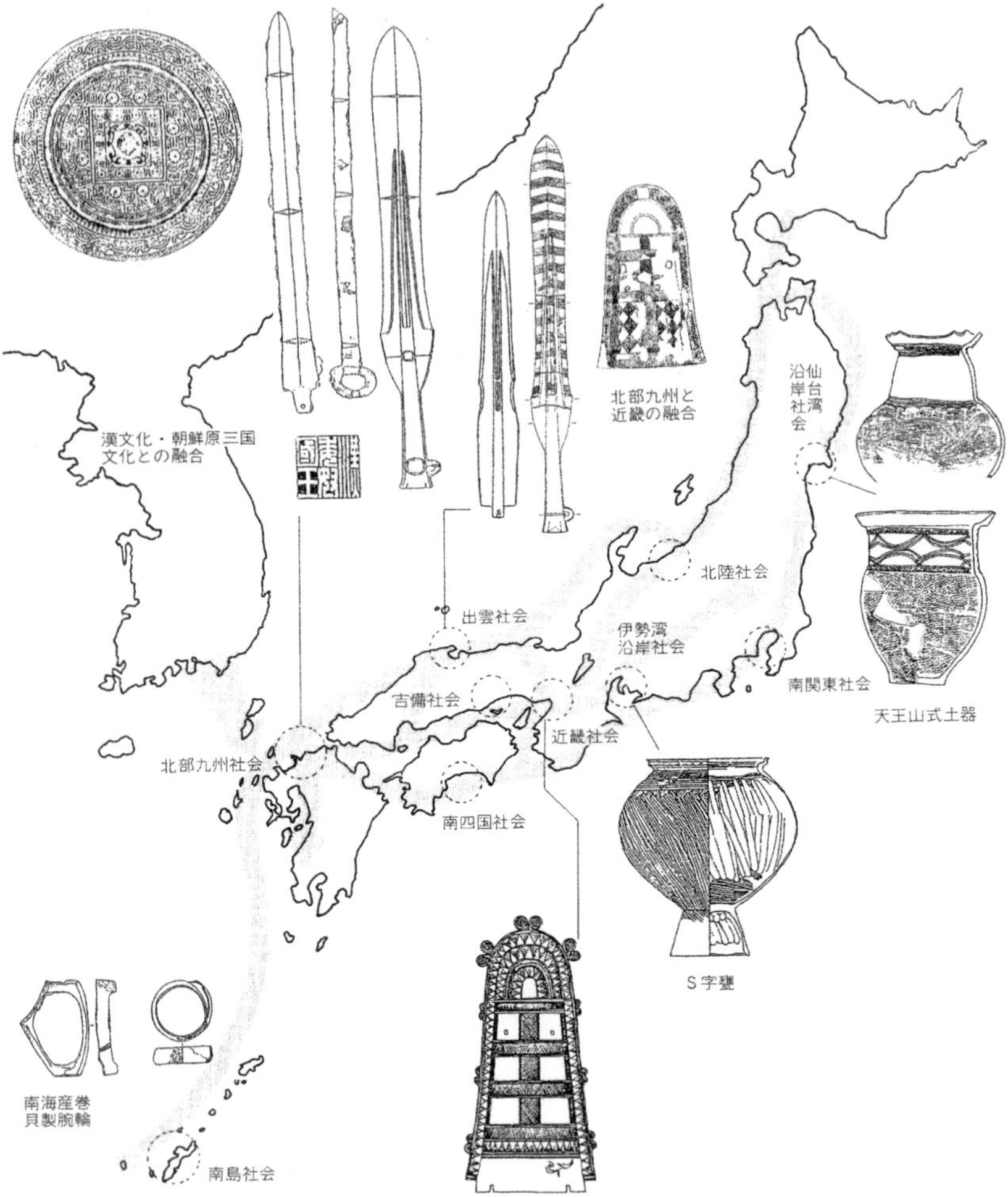


図57　弥生時代の交流網

た社会はそんな社会だった。

# あとがき

本書で私は、激動する国際社会がつくりあげた金印国家群の時代をたくましく生きぬき、その後の日本の基盤を形づくっていった弥生人の生活誌を描いた。書き終えて弥生時代における日本列島の同時性と斉一性についていっそう感を深めている。

同時性は、水稲耕作が前期にすでに青森県弘前市砂沢遺跡まで達していた一例をもってしても、推し量ることができる。述べてきたような、交流のネットワークを利用すれば知識や技術が波及するのにそれほど時間はかからなかった。北部九州が得た新たな情報は、鉄器・装身具・鳥形木製品・卜骨・文字などにみられるようにたちまちのうちに列島の各地に広がる。新来の文化は取捨選択されながら活用されたから、定着の時間差はあるけれども、情報は達している。

古代に珍重された甘味料に甘葛煎《あまずらせん》というのがある。それを鹿児島県川内《せんだい》市にあった薩摩国府から福岡県太宰府市の大宰府まで運んだ記録が『薩摩国正税帳』にある。「運府甘葛煎擔夫参人」とあり所要日数や食稲の量が記されているが、甘葛煎を甕にいれて三人で担いで運んだと思われる。当時の官道には後に三太郎峠とよばれた難所があるにもかかわらず、十日しかかかっていない。甘葛煎を届けた帰路は九日に短縮されている。重い荷物がなければこの日程をさらに一〜二日ほど短くできる。福岡市と大阪市の間の距離はこの三倍だから、官道の整備されていなかった弥生時代であっても、一ヵ月もみておけばよかろう。船を利用するともっと早く移動できる。

卑弥呼の大使難升米《なんしょうまい》らの一行がどのような行程をたどったのかはわからないが、伊都国のあった福岡県前原市と魏都の故地河南省洛陽市の距離は、南海産巻貝製品の原材のある沖縄島と最北の製品出土地有珠《うす》モシリ遺跡のある北海道伊達市とほぼ等しい。難升米らが洛陽まで何年もかけて行ったなどということは、景初三年（二三九）十二月に少帝から詔書や金帛錦罽《きんぱくきんけい》などを録受し、梯儁《ていしゅん》が翌年それらの実物を携えて倭に到ったという時間配分からして、考えられない。沖縄・伊達間はヒスイに象徴されるネットワークと船を利用すればまだ近さが感じられ、沖縄から日数をかけることなく北海道にまで届いてしまう。つまり地域間の時間差は無視できる。

斉一性は列島の各地で出土する弥生時代の遺構や遺物から知ることができる。

このごろ、水田稲作を基軸とする価値体系とは別に、畑稲作を基軸とする価値体系を考えようとする傾向が強まっている。その通りで、価値体系として田畑は併存していると思う。しかしその一方で、畑稲作は水田可耕地を確保できない立地環境におけるコメ作りの形態であり、環境に応じた水田稲作への対応であることを忘れてはならない。これとは逆の、水田稲作が可能でありながら畑稲作を指向することはない。あくまでも指向するのは水田稲作であって、繰り返しになるが、畑稲作は水田不適地における賢い水田稲作への対応であった。人びとの意識からすると田主畑従になり、瑞穂の国がそこにある。

農具についても然りで、水田稲作には耕起具としての木製の鍬とエブリ、収穫具としての石庖丁があれば事足りる。木製農具をつくるには鉄器がもっとも望ましいが、それがなければ効率的な大陸系磨製石器でもよいし、それもなければ縄文時代以来の伝統的石器であっても構わない。要は木製農具がつくれればよい。畦畔《けいはん》はいらない木製農具もいらないという水田稲作があれば別だが、技術の巧拙や農具の地域差などの対応の違いはあっても、実際には地割区画、灌漑施設、農具など水田稲作には斉一性がある。それは弥生社会の斉一性でもある。

このような弥生社会の同時性と斉一性は、日本列島を網羅するネットワークを活用して交流を繰り広げた、弥生人によって現出した。それを再確認しておきたい。

プロローグにも書いたように、本書は拙著『金印国家群の時代』の続編の役割をもっている。前著のあとがきに、私は「紙数というよりも勉強不足から割愛せざるをえなかった国際化によって新生した弥生社会内部の問題など積み残した仕事は多い」と書いた。この個所に目を留められた吉川弘文館の編集部からそれなら我が社で紙数を提供しましょうと話しかけられたのが、執筆の動機となった。

とはいうものの、弥生人がいかにして国をつくり王を生み出したのかといった構成史的な面に関心をもっていた私には、衣服や装身具を扱ってもそこに権力をみるといった調子で、生活誌とは縁遠かった。そこで執筆をお引き受けした後には、機会をとらえて小論を書き、大学院や学部での講義にもこのテーマを選んだ。そういう次第で、本書を編むにいたっていちじるしく改稿したものの各章や各節に初出の小論を少なからず盛り込んでいる。「あれ、この文章は前に読んだな」と思われる個所がおありになると思うが、そうした事情のあることでご海容を願いたい。この数年楽しく勉強させていただいたが、機会を与えていただいた吉川弘文館に御礼申し上げたい。ともあれ交流する弥生人の真骨頂を読み取っていただければと願っている。

二〇〇〇年十二月

太宰府市観世音寺にて　　高倉洋彰

# 参考文献


大阪府立弥生文化博物館編『弥生の神々』大阪府立弥生文化博物館、一九九二
大阪府立弥生文化博物館編『弥生人の食卓』大阪府立弥生文化博物館、一九九五
夏亨廉・林正同編『漢代農業画像石』中国農業出版社、一九九六
香芝市二上山博物館編『弥生人の鳥獣戯画』雄山閣、一九九六
橿原考古学研究所附属博物館編『弥生人の四季』六興出版、一九八七
金関恕・佐原眞編『弥生文化の研究』全一〇巻、雄山閣、一九八五〜八八
佐原眞・春成秀爾『原始絵画』歴史発掘五、講談社、一九九七
下條信行編『弥生農村の誕生』古代史復元四、講談社、一九八九
高倉洋彰『金印国家群の時代』青木書店、一九九五
高倉洋彰編「弥生人の食卓」『考古学ジャーナル』四五〇号、一九九九
寺沢薫・寺沢知子「弥生時代植物質食料の基礎的研究」『橿原考古学研究所紀要』五冊、一九八一
林巳奈夫『中国古代の生活史』吉川弘文館、一九九二
村上恭通『倭人と鉄の考古学』青木書店、一九九八
渡部　武『画像が語る中国の古代』平凡社、一九九一
渡部忠世・桜井由躬雄編『中国江南の稲作文化』日本放送出版協会、一九八四

渡辺　誠『日韓交流の民族考古学』名古屋大学出版会、一九九五

# 挿図・表の出典

図1　高倉洋彰「国際交流の精華・弥生文化」『弥生人のタイムカプセル』福岡市博物館、一九九八
図2　群馬県立歴史博物館編『弥生文化と日高遺跡』群馬県立歴史博物館、一九八五
図3　佐藤正義『大木遺跡』夜須町文化財調査報告書三五集、一九九七
図4　山崎龍雄編『拾六町平田遺跡2』福岡市埋蔵文化財調査報告書三四九集、一九九三
平井典子編『総社市埋蔵文化財調査年報4』、一九九四
静岡市登呂遺跡で撮影
図5　間壁忠彦・間壁葭子・藤田憲司・山本雅晴「王墓山遺跡群」『倉敷考古館研究集報』一〇号、一九七四
図6　春成秀爾「描かれた建物」『弥生時代の掘立柱建物』埋蔵文化財研究会、一九九一
静岡市登呂遺跡、沖縄県浦添市沖縄国際大学構内で撮影
図7　奈良県田原本町教育委員会作成の各種説明資料
高文編『四川漢代石棺画像集』人民美術出版社、一九九七
図8　奈良県田原本町教育委員会作成パンフレット
佐賀県教育委員会編『吉野ケ里遺跡』、二〇〇〇
図9　中島直幸・田島龍太『菜畑』唐津市文化財調査報告書五集、一九八二

図10　中国貴州省凱里市郊外で収集
図11　村岡和雄・松村道博『浄泉寺遺跡』、一九七四
　　　埋蔵文化財研究会編『各地域における米づくりの始まり』埋蔵文化財研究会、一九九一
　　　埋蔵文化財研究会編『弥生時代の石器』埋蔵文化財研究会、一九九二
　　　高倉洋彰「初期鉄器の普及と画期」『九州歴史資料館研究論集』一〇集、一九八五
図12　嶺南考古学会編『南江ダム水没地区の発掘成果』第七回嶺南考古学会学術発表会資料、一九九八
図13　沖縄県宜野湾市前原第一遺跡で撮影
図14　木下修・水ノ江和同編『椎田バイパス関係埋蔵文化財調査報告』四集、一九九一
図15　東大阪市郷土博物館編『いと・ぬの・きもの』東大阪市郷土博物館、一九八二
図16　佐原眞・春成秀爾『原始絵画』歴史発掘五、講談社、一九九七
図17　福岡市西新町遺跡で撮影
図18　長谷川一英「御津町新庄尾上遺跡出土の絵画土器」『古代吉備』一四集、一九九二
　　　春成秀爾「絵画から記号へ」『国立歴史民俗博物館研究報告』三五集、一九九一
図19　福岡市歴史資料館編『早良王墓とその時代』福岡市歴史資料館、一九八六
図20　岡崎敬編『立石遺跡』飯塚市教育委員会、一九七四
　　　日本考古学協会編『登呂』前編、東京堂出版、一九七八
　　　日本考古学協会編『日本農耕文化の生成』東京堂出版、一九六〇・六一
　　　九州大学文学部考古学研究室編『対馬』長崎県文化財調査報告書八集、一九六九

図21　川越哲志「金属器の製作と技術」『稲作の始まり』古代史発掘四、講談社、一九七五
立石泰久編『惣座遺跡』大和町文化財調査報告書三集、一九八六
図22　中国貴州省凱里市郊外で撮影
図23　設楽博己「線刻人面土器とその周辺」『国立歴史民俗博物館研究報告』二五集、一九九〇
建設省九州地方建設局・国営吉野ケ里歴史公園工事事務所編『国営吉野ケ里歴史公園建物等復元基本設計報告書』、一九九七
図24　力武卓治・大庭康時編『那珂久平遺跡II』福岡市埋蔵文化財調査報告書一六三集、一九八七
図25　鹿児島県指宿市教育委員会提供
図26　浜田晋介編『〈弥生の食〉展』川崎市市民ミュージアム、一九九五
図27　大阪府立弥生文化博物館編『弥生人の食卓』大阪府立弥生文化博物館、一九九五
図28　山口譲治「杵と臼」『ミュージアム九州』三一号、一九八九
図29　静岡市登呂遺跡で撮影
図30　高文編『四川漢代画像塼』上海人民美術出版社、一九八七
図31　渡部武『画像が語る中国の古代』平凡社、一九九一
図32　高文編『四川漢代石棺画像集』人民美術出版社、一九九七
図33　高文編『四川漢代石棺画像集』人民美術出版社、一九九七
図34　常松幹雄『浦志遺跡　A地点』前原町文化財調査報告書一五集、一九八四
天本洋一『川寄吉原遺跡』佐賀県文化財調査報告書六一集、一九八一

図35　豆谷和之編『田原本町埋蔵文化財調査年報』一九九六年度、一九九七
　　　佐賀県東脊振付教育委員会作成の説明資料
図36　三宅博士・柳浦俊一編『タテチョウ遺跡発掘調査報告書Ⅲ』、一九九〇
　　　李純一『中国上古出土楽器綜論』文物出版社、一九九六
図37　小池史哲編『山陽新幹線関係埋蔵文化財発掘調査報告』一二集、福岡県教育委員会、一九七九
図38　国立慶州博物館編『新羅土偶』国立慶州博物館、一九九七
図39　佐賀県神埼町吉野ヶ里遺跡で撮影
図40　大阪府和泉市池上曽根遺跡で撮影
図41　史跡池上曽根遺跡整備委員会編『弥生のまつりと大型建物』、一九九七
図42　小野久隆・奥野都編『池上遺跡』四冊二、一九七八に一部加筆
図43　王立仕「淮陰高庄戦国墓」『考古学報』一九八八年二期、一九八八
　　　大阪府立弥生文化博物館編『弥生の神々』大阪府立弥生文化博物館、一九九二
　　　麦英豪・黄展岳編『西漢南越王墓』中国田野考古報告集考古学専刊丁種四三号、一九九一
図44　大阪府立弥生文化博物館編『弥生の神々』大阪府立弥生文化博物館、一九九二
図45　崔盛洛『海南郡谷里貝塚Ⅲ』木浦大学博物館学術叢書一五冊、一九八九
　　　木村幾多郎「長崎県壱岐島出土の卜骨」『考古学雑誌』六四巻四号、一九七九
図46　末永雅雄・小林行雄・藤岡謙二郎『大和唐古弥生式遺跡の研究』京都帝国大学文学部考古学研究報告一六冊、一九四三

図47　春成秀爾「絵画から記号へ」『国立歴史民俗博物館研究報告』三五集、一九九一
図48　和気清章「片部・貝蔵遺跡墨書土器」『考古学ジャーナル』四四〇号、一九九九
図49　梅原末治『銅鐸の研究』大岡山書店、一九二七
図50　小池史哲編『三雲遺跡Ⅳ』福岡県文化財調査報告書六五集、一九八三
和気清章「片部・貝蔵遺跡墨書土器」『考古学ジャーナル』四四〇号、一九九九
「貝蔵遺跡墨書土器について」説明資料など
図51　福岡市埋蔵文化財センター提供
図52　李健茂「茶戸里遺跡出土の筆」『考古学誌』四輯、一九九二
図53　韓国釜山市東亜大学校博物館で撮影
図54　金廷鶴『任那と日本』小学館、一九七七に加筆
図55　長崎県芦辺町原の辻遺跡のニュースレター「原の辻」二号、一九九八から作成
図56　福岡市博物館編『弥生人のタイムカプセル』福岡市博物館、一九九八を参考に作成
図57　赤塚次郎「S字甕の移動」『邪馬台国時代の東日本』六興出版、一九九一
酒井龍一『弥生の世界』歴史発掘六、講談社、一九九七を参考に作成
表1　乙益重隆「弥生農業の生産力と労働力」『考古学研究』二五巻二号、一九七八
表2　都出比呂志「地域圏と交易圏」『日本農耕社会の成立過程』岩波書店、一九八九
表3　中橋孝博・永井昌文「寿命」『弥生文化の研究』一、雄山閣、一九八九から抜粋

著者紹介
一九四三年、福岡県に生まれる
一九七四年、九州大学大学院文学研究科史学専攻課程（考古学）終了
現在、西南学院大学教授
主要著書
弥生時代社会の研究　日本金属器出現期の研究　弥生　金印国家群の時代　大宰府と観世音寺

歴史文化ライブラリー
123

交流する弥生人
金印国家群の時代の生活誌

二〇〇一年（平成十三）八月一日　第一刷発行

著　者　高《たか》倉《くら》洋《ひろ》彰《あき》
発行者　林　英　男
発行所　株式会社 吉川弘文館
東京都文京区本郷七丁目二番八号
郵便番号一一三―〇〇三三
電話〇三―三八一三―九一五一〈代表〉
振替口座〇〇一〇〇―五―二四四
印刷＝平文社　製本＝ナショナル製本
装幀＝山崎　登

© Hiroaki Takakura 2001. Printed in Japan

歴史文化ライブラリー

1996.10

# 刊行のことば

現今の日本および国際社会は、さまざまな面で大変動の時代を迎えておりますが、近づきつつある二十一世紀は人類史の到達点として、物質的な繁栄のみならず文化や自然・社会環境を謳歌できる平和な社会でなければなりません。しかしながら高度成長・技術革新にともなう急激な変貌は「自己本位な刹那主義」の風潮を生みだし、先人が築いてきた歴史や文化に学ぶ余裕もなく、いまだ明るい人類の将来が展望できていないようにも見えます。このような状況を踏まえ、よりよい二十一世紀社会を築くために、人類誕生から現在に至る「人類の遺産・教訓」としてのあらゆる分野の歴史と文化を「歴史文化ライブラリー」として刊行することといたしました。

小社は、安政四年(一八五七)の創業以来、一貫して歴史学を中心とした専門出版社として書籍を刊行しつづけてまいりました。その経験を生かし、学問成果にもとづいた本叢書を刊行し社会的要請に応えて行きたいと考えております。

現代は、マスメディアが発達した高度情報化社会といわれますが、私どもはあくまでも活字を主体とした出版こそ、ものの本質を考える基礎と信じ、本叢書をとおして社会に訴えてまいりたいと思います。これから生まれでる一冊一冊が、それぞれの読者を知的冒険の旅へと誘い、希望に満ちた人類の未来を構築する糧となれば幸いです。

吉川弘文館

〈オンデマンド版〉
交流する弥生人
金印国家群の時代の生活誌

On Demand
歴史文化ライブラリー
123

2019年（令和元）9月1日　発行

著　者　高《たか》倉《くら》洋《ひろ》彰《あき》
発行者　吉川道郎
発行所　株式会社　吉川弘文館
〒113-0033　東京都文京区本郷7丁目2番8号
TEL　03-3813-9151〈代表〉
URL　http://www.yoshikawa-k.co.jp/

印刷・製本　大日本印刷株式会社
装　幀　清水良洋・宮崎萌美

高倉洋彰（1943～）
© Hiroaki Takakura 2019. Printed in Japan
ISBN978-4-642-75523-8

JCOPY　〈出版者著作権管理機構　委託出版物〉
本書の無断複写は著作権法上での例外を除き禁じられています．複写される場合は，そのつど事前に，出版者著作権管理機構（電話 03-5244-5088，FAX 03-5244-5089，e-mail: info@jcopy.or.jp）の許諾を得てください．